통역과 번역 그리고
　　　　통역사와 번역사

통역번역학 시리즈 4

통역과 번역 그리고 통역사와 번역사
ПРОФЕССИЯ : ПЕРЕВОДЧИК

인쇄 • 2004년 1월 7일
발행 • 2004년 1월 15일

지은이 • G. E. 미람
옮긴이 • 전지윤 · 김정희
발행인 • 김진수

발행처 • 한국문화사
등록번호 • 2-1276호
주소 • 서울시 성동구 성수1가2동 656-1683 두앤캔B/D 502호
전화 • 464-7708, 3409-4488
팩스 • 499-0846
홈페이지 • www.hankookmunhwasa.co.kr
e-mail • hkm77@korea.com
가격 • 9,000원

ⓒ 한국문화사, 2004
잘못된 책은 교환해드립니다.

ISBN 89-5726-111-7 93700

통역과 번역 그리고 통역사와 번역사

저자·G. E. 미람
역자·전지윤·김정희

한국문화사

© Guennad: Miram, 1999
Profession: Translator
First published 1999 by Nika-Centre Publishing House

이 책은 한국문화사의 한글 번역판 출판 계약에 따라 출판하였음.
저작권법에 의해 한국 내에서 보호를 받으므로 무단 전재와 복제를 금함.

Korean Translation copyright © Hankook Publishing Company 2004

여는 글

현대를 살아가는 우리에게 번역과 통역은 이미 생활의 일부나 마찬가지다. 외국어로 되어있는 수많은 정보가 우리 앞에 놓여있으며 외국인과 비즈니스를 하거나 친분관계를 맺는 일도 흔하다. 주위를 둘러보면 하나 이상의 외국어를 유창하게 구사하는 사람을 쉽게 찾을 수 있다. 그렇지만 외국어를 잘한다고 하여 수준 높은 번역 및 통역을 할 수 있는 것은 아니다. 그렇다면 어떻게 해야 할까? 바로 이 책에서 그 해답을 함께 찾아보려 한다.

이 책은 통번역 수준을 높이고 싶은 이들, 전문 통번역사가 되고 싶은 이들을 위한 것이다. 통번역사가 연마해 나가야 할 언어라는 도구에 대해 살펴보고 우리가 흔히 말하는 직역과 의역을 어떤 식으로 조화시켜 나가야 할지도 생각해본다. 저자는 번역, 순차통역, 동시통역이 무엇이며 어떻게 준비해야 하는 지 제시하고 통번역사가 갖추어야 할 자세와 자질에 대해서도 언급한다. 오랜 기간 전문 통번역사로 활동한 저자의 풍부한 경험에서 나온 사례를 통해 여러분은 이 분야에 한층 더 가까이 다가설 수 있을 것이다.

석사학위 논문으로 낸 번역물을 출판할 수 있도록 격려해주시고 애써주신 한국외대 통번역대학원 최정화 선생님, 논문을 지도해주신 한국외대 노어과 표상용 선생님, 바쁘신 중에도 기꺼이 감수를 맡아주신 한국외대 통번역대학원 이혜승 선생님, 그리고 출판을 위해 수고해 주신 한국문화사 여러분들께 감사의 말씀을 드린다.

여는 글 • 5

제1장 통번역사는 멋진 직업인가? • 9

통번역사에 대한 인식 11 / 문학에서의 통번역사 12
통번역사의 직업적 가치 13 / 훌륭한 통번역사란 15
통번역 교육의 문제점 18 / 외국어 signature 21
외국어 이해력을 향상시키는 길 23 / 지식의 매춘행위(?) 24
통번역의 어려움과 매력 26 / 이 책의 목적 28

제2장 언어, 주변 세계, 인간 • 29

언어란 무엇인가 31 / 비언어적 코드 32 / 약속과 합의 33
다의성 35 / 맥락, 상황, 배경지식 37 / 다의성 제거 방법 39
단어의 의미선정 41 / 작은 약속 42 / 기계의 의미선정 과정 44
문장의 구성 48 / 문장구성 규칙 49 / 어휘적 의미와 문법적 의미 50
외국어 교육 52 / 통번역사를 위한 외국어 학습법 53
작은 약속과 생활 표현 56 / 언어 사용의 차이 59 / 관용어구 60
의미선정의 어려움 62

제3장 통번역인가 해석인가 – 우리가 하고 있는 일은 무엇인가? • 65

이상적인 번역 67 / 변환법이란 69 / 변환법을 이용한 번역 사례 71
구상법이란 75 / 변환법과 구상법의 선택 78
변환법과 구상법의 차이점 80 / 커뮤니케이션 행위 83
시소러스의 불일치 85 / 지역색이 강한 표현 87 / 연상 시소러스 89
통번역에 대한 새로운 관점 93 / 통번역 이론 정리 94

Contents
·통·역·과·번·역·그·리·고·통·역·사·와·번·역·사·

제4장 수학과 음악 – 통번역 장르 및 종류 • 97

통번역은 예술인가 99 / 문학작품번역과 과학기술번역 사례 100
문학 번역의 특징 105 / 동시통역과 순차통역 108
동시, 순차 통역과 의미선정 요인 109 / 의미선정 요인의 역할 112

제5장 동시통역 – 신체·정신적으로 정상이라고 할 수 없는 직업환경 • 117

동시통역 – 불가능에 대한 도전 119 / 동시통역 가상체험 120
동시통역의 특성 120 / 동시통역사와 연사 122
동시통역사와 연사와의 거리 123 / 연사의 약어 사용 124
읽는 연사 124 / 농담과 유머 – 비유적 표현 125
동시통역에 필요한 자질과 능력 126
동시통역 소질 테스트 128 / 동시통역 연습방법 129
동시통역시 대응어의 선택 131
대응어 선택의 어려움 – 관용적 표현, 상이한 언어 구조 132
대응어 선택의 어려움 – 속어 표현 133
동시통역의 유형 – 장식적 통역 135 / 동시통역의 유형 – 대화형 통역 136
동시통역의 실례 분석 137 / 동시통역의 평가 140 / 동시통역 부스 141

제6장 순차통역의 규칙 • 143

순차통역이란 145 / 순차통역의 특성 146 / 시소러스와 의사전달 147
전달 정보의 선택 : 논리 – 주제 구조 148 / 논리 – 주제 구조 활용 152
노트테이킹 연습 153 / 대응어 선택 154 / 맥락의 활용 155
배경 및 주제지식의 활용 157 / 어설픈 통역 사례 – 배경 및 주제지식 부족 158
통역사의 행동범위 159 / 통역사의 목소리 160
위스퍼링 통역 160 / 순차통역의 연사 161

제7장 번역 – 창조로 향하는 길 • 163

번역사에 대한 환상 165 / 번역의 특징–방법 및 기술 165
번역의 특징–까다로운 요구와 막중한 책임 168
대응어 선택을 위한 7가지 변수 169 / 7가지 변수의 적용 170
외국어로의 번역 173 / 정보제공 통번역의 한계 174
번역하기 어려운 장르 175 / 사전 178 / 통번역 종류에 따른 특성 180

제8장 자동번역 – 힘이 장사인 번역기가 약골인 번역사를 대신하게 될까? • 183

번역기가 번역사를 대신하게 될까? 185 / 번역기의 등장 185
번역작업의 원칙 186 / 대응어 선정 187 / 번역기의 단계 188
번역수준 분석–낮은 단계 시스템 189
번역수준 분석–중간 단계 시스템 189
번역수준 분석–높은 단계 시스템 191
중간단계 시스템의 번역과정 분석–자동사전 192
중간단계 시스템의 번역과정 분석–트랜스퍼 194
중간 단계 시스템의 번역과정 분석–중간 언어 196
높은 단계 시스템의 번역과정 분석–결정블록 197
대응어 통계모델 198 / 번역기의 이용 199

제9장 통역사의 지위 – 통역사가 지켜야 할 에티켓 • 203

통역사에 대한 사회의 관심 205 / 통역사의 모습 205
통역사의 지위 207 / 통역사의 지위를 낮추는 행동 210
훌륭한 통역사 211 / 만찬 통역 215 / 통역사의 옷차림과 목소리 216
통역사는 누구인가 217

통번역사는 멋진 직업인가?

통번역사란 어떤 직업인가? 일반적으로 통번역사를 전문인으로 간주하지 않는 이유는 무엇인가? 저급 통번역사는 왜 생겨나는가? 통번역사가 반드시 갖추어야 할 것은 무엇인가? 일각에서 통번역 작업을 '지식의 매춘행위'로 취급하는 까닭은 무엇인가?

통번역사에 대한 인식

1980년대, 모스크바시에서 매우 강렬한 인상의 포스터를 보았다. 웃는 얼굴의 잘생긴 남자가 근육질의 팔로 버스의 핸들을 잡고 있었다. 그리고 그 아래에는 '멋진 직업－버스 운전사!'라는 문구가 새겨져 있었다. 그렇다면 통번역사는 어떠한가? 통번역사도 멋진 직업인가? 이 질문으로 시작해 보자.

예전에 중동 국가에서 통번역일을 한 적이 있다. 당시 필자의 상사가 쓴 보고서의 내용은 대략 이랬다. "현재 소련 대사관 경제자문국의 총 인원은 15명이고 그 외 통번역사 2명이 있으며…" 우습고도 슬픈 현실이지만 이런 예는 공무원 세계에서 상사가 부하직원을 대하는 태도와 더불어서 공무원을 비롯한 보통 사람들이 통번역사란 직업에 대해 어떻게 생각하는 지를 극명하게 보여준다. 또 다른 예를 들어보자면, 대표단이나 단체를 외국에 파견할 때 관련 문서에는 보통 이렇게 기록된다. "전문가 몇 명, 그 외 통번역사 몇 명" 안타깝지만, 이것이 현실이다. 대개의 경우 통번역사는 전문가로 인정받지 못한다. 거의 모든 통번역사가 한 번쯤은 이런 취급을 받은 경험이 있을 것이고, 만약 그렇지 않은 사람이 있다면 매우 운이 좋았거나, 아니면 아예 이런 미묘한 상황 자체에 신경을 쓰지 않았기 때문일 것이다(후자의 경우, 자기 자신과 직업에 대해 자부심을 가진 훌륭한 통번역사라 믿기 어렵다). 물론 오랜 시간 노력하여 뛰어난 통번역 실력을 보여준다면 주위의 전문가들로부터 존경을 받을 수도 있다. 사람들은 설령 외국어를 구사할 수 있다 해도 자신이 해낼 수 없는 일을 통번역사가 하고 있다는 사실을 깨닫게 될 것이기 때문이다. 그렇지만 통번역사가 다분히 평범하거나 새내기일 경우 이러한 평가를 받기는 힘들다.

"More temptation than translation."이라고 한 어떤 영국 사람의 말처럼, 통번역사가 아름다운 여성이라면 우선은 그저 미인으로만 받아들여진다. 또 통번역사가 젊은 남성이라면 이런 말을 듣게 될 것이다. "꽤 똑똑하군. 왜 경제학을 배우지 않았을까?"

문학에서의 통번역사

문학은, 아니 적어도 사실주의 산문은 삶을 반영한다고 한다. 그렇다면 통번역사가 주인공은 아니라도 긍정적인 인물로 비중 있게 그려지는 작품이 있는가 한 번 생각해 보자. 단편도 좋고 장편도 좋다. 옛 러시아, 구소련, 현재 어느 시기에 쓰였던 간에 그런 작품이 있는지를 생각해 보자. 아마도 찾기 힘들 것이다. 통번역사가 등장하는 작품이 하나 있기는 하지만, 매력적이긴 해도 전반적으로 긍정적인 인물로 묘사되었다고 말하기는 어렵다. 바로 <가을의 마라톤>이라는 영화에서다. 정말 이상한 일이다. 구소련 시대에 직업을 다룬 문학작품에 높은 가치를 두었음을 상기한다면 더욱 그러하다. 엔지니어, 의사, 비행기 조종사, 젖 짜는 사람, 재봉사, 학자, 지질학자, 제강공 등을 그린 작품은 셀 수 없이 많다. 그런데 통번역사가 주인공인 책은 단 한 권도(!) 없다. 물론 통번역사가, 예를 들어 지질학자나 비행기 조종사처럼 낭만적인 직업은 아닐 수 있다. 그렇지만 직업인으로의 통번역사의 삶이 재봉사나 제강공, 그 대단하다는 엔지니어보다 못할 이유가 없다.

외국 문학작품의 상황도 이와 유사하다. 수없이 많은 훌륭한 작품이 누군가에 대한 이야기를 하고 있지만 통번역사에 대해서는 아니다. 존 스타인벡의 유명한 소설 <우리 불만의 겨울 The Winter of Our Discontent>에 등장하는 주인공은 식료품점 종업원이다. 통번역사는 종종 자신의 일을 하기 위해서 싸우기도 하고 흥미로운 프로젝트의 일원이 되기도 한다. 뿐만 아니라, '권력의 통로' 안쪽을 들여다볼 수 있는 특권을 가지기도 한다. 이런 통번역사의 삶이 가게 점원보다 덜 풍요롭고 덜 중요할 이유가 전혀 없음에도 불구하고, 안타깝게도 통번역사가 주인공인 작품은 그 어느 곳에도 없다. 과연 그 이유가 무엇일까. 통번역사라는 직업의 가치가 제대로 평가되지 못했기 때문은 아닐까.

통번역사의 직업적 가치

통번역사라는 직업이 공정하게 평가되지 못하는 이유를 일부에서는 사회심리학적으로 해석하기도 하는데, 바로 바벨탑의 붕괴가 그 원인이라는 것이다. 집단적으로 하늘에 도전하려 한 오만함에 대한 대가로 인간은 서로의 언어를 이해하지 못하게 되었고, 언어에 대한 무지는 곧 하늘이 내린 결함이요, 약점이 되었다. 약점을 부끄러워하고 감추고 싶어 하는 것이 인지상정인데, 통번역사가 자꾸 이를 상기시키니 좋게 볼 리 없다는 것이다. 나름대로 일리가 있기는 하지만 사람들의 심리에 관한 문제는 일단 심리학자들에게 맡기고 우리는 좀 더 실제적인 관점에서 접근해 보자.

엔지니어도 직업이고, 교사도 직업이며, 버스 기사도 엄연한 그것도 멋진(!) 직업으로 인정된다. 그런데, 통번역사의 경우는 좀 다르다. 외국어를 할 줄 알면 통역사, 번역사가 아니라도 누구든 통번역을 할 수 있다고 생각한다. 도대체 이유가 무엇일까? 이유를 떠나서, 단지 법에서 흔히 말하는 '관행'인 걸까. 사람들이 통번역사를 전문적인 직업인으로 인정하지 않는 이유는 그 자체로 모순적이다. 보통 사람이라면 통번역이 무엇인지 대충은 알고 있다. 그러나 다른 한편으로 자신이 통번역을 할 수 있을 만큼 제대로 훈련되어 있지 못하다는 사실을 분명하게 깨닫지 못한다. 고등교육을 받은 사람이라면 학창시절에 통번역을 한 번쯤은 해 본 경험이 있게 마련이다. 그리고 사람들은 자신도 한때 통번역을 했었다는 기억을 계속 간직하고 있다. 그렇기 때문에, 필요한 경우 언제든 다시 통번역을 할 수 있다고 믿게 된다. '나는 직업상 하고 있는 일 이외에 통번역도 할 수 있다'는 식의 생각 때문에, 이런 사람들은 통번역 능력만 갖춘 통번역사들보다 자신이 더 우월하다고 느끼게 된다. 물론, 이런 류의 우월감은 말 그대로 '느낌'일 뿐이다. 다른 분야의 전문가로서 외국어를 아무리 잘 구사한다 할지라도 전문적인 통번역 교육을 받지 않고 통번역을 꾸준히 해온 경험이 없다면 훌륭한 통번역사가 될 수 없다. 물론, 자신의 전문 분야 이외에 통번역을 따로 공부하고 충분히 관련된 경험을 쌓는다면 그 해당 분야와 관련된 텍스트를 잘 번역할 수는 있겠지만, 이는 별개의 문제다.

전문적인 직업인으로서 통번역사를 인정하지 않는 모습은 곳곳에서 눈에 띈다. 우리는 자신만만하게 번역에 손을 댔다가, 전문적이고 어려운 문장과 씨름하던 끝에 결국 자신의 부족함을 인정하며 포기하는 사람들을 상당히 많이 볼 수 있다. 머리가 좋고 나쁘고, 교육 수준이 높고 낮고는 문제가 되지 않는다. 어떤 때는 번역을 하긴 했는데 그 노력의 결과란 것이 딱 유머잡지 수준인 경우도 있다.

상세한 예는 나중에 살펴보기로 하고, 현재 통번역사가 어떤 위치에 놓여있는지를 이해하는 데에 도움이 될만한 전형적인 상황을 설정해 보자. 정부 부처든 연구소든 어딘가에서 국제 세미나 보고서를 준비한다고 가정하자. 보고서 준비는 세미나를 앞둔 몇 달 동안 계속 진행된다. 보고서를 작성하는 사람은 자료를 수집하라는 지시를 받고, 오랜 기간동안 면밀히 검토하고 논고를 잡는다. 다른 사람들과 논의를 거친 끝에 초안을 마련하고 다시 찬찬히 검토하고 상의하는 과정을 거친다. 이렇게 상당한 기간이 지나고 보고서가 완성되면 그것을 '높은 분'께 전달한다. 발표가 고작 이틀 정도밖에 남지 않은 상황에서 통번역사들은 으레 이런 말을 듣는다. "완성된 보고서를 타이핑해서 보낼 테니 얼른 번역하게. 다 합쳐 15장밖에 안되니까."

훌륭한 통번역사란

통번역은 축구와 비슷해서 언뜻 보기에는 어려울 것이 하나도 없다. 공은 누구나 다룰 줄 안다. 하지만, 프로선수가 되려면 공을 다루는 것 이외에 다른 무언가가 필요하다. 재능은 물론이고 전문적인 교육과 훈련이 뒷받침되어야 한다. 하지만, 축구선수와 달리 통번역사는 운이 없는 편이다. 최고 수준의 축구경기는 연일 TV를 통해 중계된다. 그렇기 때문에 축구를 즐기는 사람들은 경기를 보면서 프로선수와 자신의 실력차를 눈으로 분명히 확인하게 된다. 하지만 전문 통번역사는 직업의 특성상 사람들 눈에 띄지 않는다. 있는 듯 없는 듯, 무채색을 띠는 것은 훌륭한 통번역사가 갖추어야 할 필수 자질이다. 훌륭한 통번역은 청자나 독자로 하여금 마치 모국어로 된 원문을 대하는 느낌을 갖게 한다. 훌륭한 번역사들 덕분에 헤밍웨이, 레마르크, 그린의 주인공들은 러시아어를 하고, 우리는 그들의 이야기를 다른 사람에게 전하거나 인용한다. 훌륭한 번역사들 덕분에 우리 아이들은 안데르센의 동화를 읽고, 영국의 전래동요 Humpty-Dumpty를 땅달보 샬따이 발따이(Шалтай-Болтай)로 바꿔 부른다. 그럼에도 불구하고 러시아 문학에 크게 기여한 라이트 카발레바(Райт-Ковалева)나 카쉬킨(Кашкин)과 같은 뛰어난 번역사들은 극소수 지식인들 사이에서만 알려져 있을 뿐이다.

훌륭한 통번역사는 투명인간처럼 드러나지 않는다. 일반적으로 평범한 통번역사들은 종종 그 모습이 드러나기 때문에 전문가로 대우 받지 못하는 경우가 많다. 실제 현장에는 이런 훌륭한 통번역사와 평범한 통번역사들 이외에 또 다른 부류의 통번역사들이 있는데, 이들은 흔히 질이 낮은, 저급의 통번역사로 불린다. 이런 부류의 통번역사들이 저지르는 실수와 관련된 여러 가지 일화가 있는데, 사실 이들 때문에 나머지 대다수 통번역사가 비전문가라는 멍에를 짊어지게 된다.

물론, 실수는 일반적인 통번역사들도 간혹 한다. 한 국제학술회의 개회식 자리에서 참석자를 대표해 의장이 발언을 했다. "저명한 일류 전문가 X교수께서 참석하여 이 자리를 빛내 주셨습니다." 동시통역이 나오자 영어를 아는 청중들 사이에서 웃음이 터져 나왔다. "We are honored by the presence of Professor X, known as an ass of experiment." 다행히 유머감각이 있던 X교수는 휴식시간에 부스의 통역사에게 찾아와서 "Boys, you were right"[1]라고 농담을

---

1) 이 책을 읽는 필자의 동료, 선후배를 비롯한 독자분들이 영어를 이해하리라 여

건넸고, 일은 그렇게 순조롭게 마무리되었다. 우리는 이 일화를 통해 아주 중요한 교훈을 얻을 수 있다. 통역사는 언제나 '위험한 외줄'을 타고 있다. 언어간 불명확한 대응 사이에서 가늘고 불안한 길을 걷고 있다. 한 발만 잘못 딛어도 평생을 바쳐 얻은 최고 통역사의 명성은 수포로 돌아간다. 이 경우에도, 음성적 측면에서 'ass'와 'ace'는 상당히 가깝다. 어쩌면 청중은 'ass'로 들었지만, 사실 통역사는 제대로 발음했을 수도 있고, 모인 청중이 통역사의 실수를 핑계로 한 번 웃어보고 싶어서 더 크게 웃었을 수도 있다. 그러나 어쨌든 실수는 통번역사의 명성에 치명적이다.

 이 시점에서 짚고 넘어갈 것이 있다. 통역이 잘못되었다는 말은 종종 서투른 외교관이나 회의 주최 측에 의해서 악용되기도 한다. 주최 측에서 뭔가 실수를 했다거나, 예기치 못한 어려운 상황에 부딪혀서 시간을 끌어야 할 필요가 있을 때 흔히 통역사에게 모든 책임을 전가하기 위해서 "통역이 뭔가 착각한 것 같은데요."라는 식의 말을 한다. 때때로, 아주 가끔 나중에 통역사에게 사과를 하는 사람도 있지만 대부분의 경우에는 자신의 비도덕적인 행동에 대해 신경 쓰지 않는다.

 '늘 조심할 것!' 통역사의 기본 규범 중 하나이다. 발음이 맞는지, 의미가 정확한지 확신할 수 없다면 중립적인 동의어로 피해가야 한다. 앞의 일화를 예로 들자면 '일류'라는 표현을 'ace' 대신에 심각한 의미상의 손실 없이 'master'라고 할 수도 있었을 것이다. 사실 이 실수를 한 통역사는 뛰어난 실력의 소유자였다. 원문에 의거해서 단어 하나하나를 문자 그대로 옮기려고 애쓴 탓에 벌어진 일이

 기기 때문에 꼭 필요한 경우에만 번역을 하려고 한다. 이 경우는 'ace'를 'ass'로 잘못 발음했기 때문에 빚어진 실수이다.

었다. 문자 그대로 옮기려는 시도는 때때로 부정적인 결과를 낳는다.

훌륭한 통번역사도 이렇게 실수를 하는데, 하물며 질이 낮은 저급 통번역사들은 어떨까. 통번역사에 대한 평판을 저하시키고 낮은 보수에 일을 맡아 덤핑으로 시장을 흐리는 이런 류의 통번역사들이 생겨나고 활개 치는 까닭은 무엇일까. 필자는 **형편없는 통번역이 생겨나는 가장 큰 이유가 고급 통번역에 대한 수요 부족**이라고 생각한다. 이런 통번역을 발주한 사람들은 질 낮은 통번역에 만족해 왔으며 지금도 만족하고 있다. 반면, 고급 통번역에 대한 수요는 상대적으로 적은 편이다. 높은 보수를 받는 소수의 일류 통번역사만이 그 일을 맡는다. 구소련 시대에는 문학작품 번역의 수준이 매우 높았다. 그런데 지금 시장은 저질 추리소설, 멜로소설 번역물로 넘쳐나고 문학 번역의 수준은 곤두박질쳤다. 현재 고급 통번역, 주로 순차, 동시통역 서비스를 원하는 곳은 세계은행, 국제통화기금과 같은 국제기구나 외국계 대형 회사 정도인데, 그나마 그 시장은 규모가 작고 소수의 일류 통역사에 의해 유지된다. 시장이 세계화되면서 고급 통번역 수요가 급증할 가능성도 보이지만, 전반적으로 수요는 여전히 적은 상태다.

통번역 교육의 문제점

고급 통번역에 대한 수요가 적은 것은 통번역 교육이 제대로 이루어지지 않는 데에서도 그 원인을 찾을 수 있다. 러시아[2]에서는

---
2) 역주. 저자는 우크라이나 출신으로 러시아 한 국가가 아닌 CIS(독립국가연합) 전

통번역이 아닌 외국어를 가르친다. 몇 개 되지 않는 전문 통번역학과의 통번역사 교육도 개선할 점이 많다. 통번역 교육과정에서 외국어가 필수적이기는 하지만 결코 그것이 통번역에 필요한 지식의 전부는 아니다. 말하자면, 모국어 능력도 외국어 못지않게 중요하다. 통번역사를 이해는 하는데 말을 하지 못하는 강아지에 가끔 비유하기도 하는데, 거기에는 다 그럴 만한 이유가 있다. 통번역사는 모국어를 제대로 말하고 글로 쓸 수 있어야 한다. 어휘력이 풍부해야 할 뿐 아니라 언어를 올바르게 구사하며 통번역 대상의 문체를 정확히 구현해 내야 한다. 실제로 외국어의 생생한 표현을 옮기다 보면 표준어가 아닌 비문을 만드는 경우가 종종 있다. 최근의 한 영화 번역본에서는 청소년들 사이에서 유행하는 속어가 쓰이는 경우도 있었다. 미국 대통령이 의원들이 '갈군다'고 하면서 보좌관에게 불평했다는 식이다. 모국어를 올바로 구사하는 능력은 저절로 얻어지는 것이 아니다. 하지만 유감스럽게도 오늘날 학교나 대학에서는 이를 가르치지 않는다. 그렇기 때문에 **통번역사 교육프로그램에서 외국어 못지않게 모국어도 중요하게 다루어야 한다.**

통번역을 제대로 하려면 그 대상을 이해해야 하고, 그러기 위해서는 해당 분야에 대한 깊은 지식까지는 아니더라도 필수적인 사항만큼은 반드시 숙지해야 한다. 기본적인 지적 수준, 박식함, 넓은 시야를 갖추지 않고는 훌륭한 통번역사가 되기 힘들다. 스스로의 노력과 훈련을 통해 키워야 하겠지만 그런 개인적인 노력 이외에 **통번역사 양성 프로그램에, 필요한 서적을 활용하는 방법과 들은 것을 간추려 요약하고 자료를 빠른 시간 내에 읽어 내려가는 방법 등이 포함**

체 상황을 논한다. 편의상 러시아라고 칭하겠지만 이는 현재 CIS 전 지역을 가리키는 것이다.

되어야 한다. 대다수 통번역사는 자신이 하고 있는 일이 무엇인지 잘 알지 못한다. 일반적인 교육 프로그램에서는 통번역 이론 및 방법론을 체계적으로 설명해 주지 않는다. 유명한 러시아의 통번역 이론가 카미사로프(В.Н. Комиссаров)의 <통번역에서 구현되는 등가성(equivalence)의 단계>라는 책을 접해 볼 기회를 가질 수 있다면 그나마 다행이다. 물론, 이런 이론서를 읽는다고 해도 무슨 뜻인지 잘 이해를 못하고 왜 그것이 필요하며 실습 현장에서 어떻게 적용해야 하는지 제대로 파악하지 못하고 있는 경우가 대부분이다. 통번역의 이론적 기초 뿐 아니라 실제 적용 방법론도 부재한 상황이다.

실습 사정도 나을 것은 없다. 강의와 언어교육을 병행한다는 원칙이 구소련 시대에 세워진 이후 계속 이어져 내려오면서, 통번역 실습을 위한 시간이 강의로 채워지고 있다. 오늘날까지도, 학생이 직접 적극적으로 나서지 않는 한 교육 과정을 모두 마칠 때까지 외국인과 접할 수 있는 기회를 만들기 힘들다. 졸업을 했다 해도 들은 말의 절반도 이해하지 못하는 것이 사실이다. 강의 시간에 활용되는 녹음기는 녹음기일 뿐 실제 살아있는 말을 대신할 수는 없다. 구소련 시대 이후 통번역 관련 교육기관에서 활용되고 있는 교육 모델은 '아동용 풀장'에서 국가대표 수영선수를 훈련시키는 것과 다를 바 없다. 가끔 좋은 결과가 나오는 것은 학생들 개개인의 재능이 특출나고, 불합리한 환경에 적응하는 능력이 뛰어나기 때문일 뿐이다.

우리는 종종 독일 사람들(네덜란드, 프랑스, 터키 등등)은 영어면 영어, 스페인어면 스페인어 못하는 언어가 없는데, 우린 그렇지 못하다는 얘기를 듣는다. 하지만, 이것은 국민들의 잘못이 아니다. 서유럽 사람들이 외국어를 잘 하는 이유는,

첫째, 러시아 국민들은 정부시책에 의해 70년 동안이나 외부로부터 고립되어 있었다. 아이들 방학이나 휴가기간이면 스페인이든 프랑스든 외국으로 나가곤 하는 서유럽의 국민들과는 사정이 다르다. 다른 나라에서 식료품이라도 사다 보면 자연히 말을 배우게 되고 아이들은 현지 아이들과 놀며 언어를 습득한다.

  둘째, 일반적으로 정상적인 국가라면 외국인 여행자는 누군가의 보호 없이 현지 주민과 섞여 지내면서 친분도 쌓고 흥정도 해볼 기회를 가질 수 있지만, 우리의 사정은 달랐다. 현지 사람들과 함께 자유롭게 어울리면서 사람들은 언어를 거부감 없이 쉽게 배울 수 있다. 물론 이렇게 얻어진 언어적 지식은 다소 피상적일 수 있기 때문에 이후 체계적인 교육으로 다시 다듬어야 한다.

  어쨌든, 다른 유럽 사람들과 자신의 외국어 실력을 비교하며 속상해 할 필요는 없다. 왜냐하면, 우리도 비슷한 환경을 조성하면 얼마든지 그렇게 될 수 있기 때문이다. 예전에 그루지야의 수도 수후미에서 아브하즈, 아르메니아, 그루지야, 러시아 아이들이 함께 축구를 하고 있는 것을 본 적이 있다. 동일한 어근을 가진 유럽어와 달리 이들 언어는 몇몇 단어를 제외하고는 상당히 다르다. 그런데 자기 나라 말로 소리를 질러대는 이 아이들이 신기하게도 서로의 말을 알아듣는 것이 아닌가.

외국어 signature

  통번역을 공부하는 러시아 학생들 중 자연스럽게 다른 언어를 습득한 사람은 거의 없다. 인위적으로 공백을 메우기가 어렵다는 점에서 매우 불리한 조건이라 할 수 있다. **자연스레 체득할 수 있는 기반이 없이도 언어를 배울 수는 있지만 이럴 경우, 외국인이 하는 말을 이해하기가 힘들다.** 이 어려움을 극복하려면 해당 언어를 사용하는 환경에서 꽤 오랜 시간을 보내는 수밖에 없다(발음이 굳은 성인이라면 최소 1년은 필요하다). 그런데 여기에 또 문제가 있다.

말을 알아듣는 기본은 단어의 signature, 다시 말해 화자가 가지고 있는 음성적인 특징이다. 필체처럼 자신만이 가지고 있는 독특한 것이다. 모국어의 signature는 어린 시절 습득되기 시작해서 평생에 걸쳐 채워진다. 때문에 모국어라면 다른 사람이 발음을 엉터리로 해도 이해할 수 있게 된다. 그런데 타 언어 기반을 갖추지 못한 학생들은 교육 과정이 끝날 때까지 해당언어 signature를 열 개 정도 갖기도 힘들다. 선생님 소리와 랩 시간 녹음기에서 들은 것이 고작이다. 실생활에서 녹음테이프처럼 얘기하지 않는다면 어떻게 말을 알아들을 것인가?

실습과정에서도 마찬가지다. 통역의 대상이 된 외국인 대부분은 정확하고 천천히 말하려 애씀으로써 통역사를 온실로 밀어 넣는다. 때문에 속도가 빠르고 익숙지 않은 일반 사람들의 말을 듣게 되면 항상 그런 것은 아니지만, 당황할 수밖에 없다. 한 가지 일화를 예로 들어보면, 1989년, 개방이 최고조에 이르던 시기에 유럽과 아시아의 학자들이 같이 모인 최초의 학술회의 중 하나가 핀란드에서 열렸다. 젊은 구소련 학자가 수학 모형에 대해 발표했다. 실현 가능한 모델에 관해 설명을 하는 데 거의 한 가지 공식을 '그러므로', '쉽게 이해할 수 있다'는 식의 표현을 계속 바꿔 써가며 중얼중얼 빠르게 말했다. 전반적으로 어려울 것 없는 통역이었고 동시통역사도 'hence', 'it is easy to understand'를 줄기차게 반복했다. 발표가 끝나고 의장이 "질문 있으십니까?"(보통 이런 종류의 발표에는 질문이 없기 마련이다)라고 물었다. 그런데 통역사를 당황케 하는 일이 생겼다. 아마 연사도 또한 그랬을 것이다. 일본인 참석자가 일어나 질문을 한 것이다. 일본 사람의 영어는 평소에도 알아듣기 힘든데다 이 상황을 예상치 못한 통역사는 마음의 준비도 하지 못했다. 간단히 말해, 통역사가 이해한, 이해했다고 여긴 단어는 'gas 가스'가 전부였다. 그래도 통역은 해야 했다. "일본 참석자의 관심은, 여기에 가스를 이용할 수 있느냐 하는 것입니다." 놀란 연사는 부스를 쳐다보더니 당황한 채 말했다. "여기에 가스라고요?" 통역사가 현명하게 침묵을 지키자 연사가 말을 이었다. "그러니까 ……, 일본에서 오셨다고요? 그렇죠? 그러니까, 가스도 가능할 겁니다." 통역이 나오고, 이번에는 질문자가 놀란 눈으로 부스를 바라보았다. 더 이상의 질문은 없었다.

외국어 이해력을 향상시키는 길

학생들의 외국어 이해력을 높이려면 어떻게 해야 할까? 학생을 해당 언어 사용국으로 보내는 것이 우선적인 방법이다. 단, 온실과 같은 환경을 제공하는 기관이 아니라 실제 언어를 쓰는 환경이어야 한다. 가서 배달원이나 보조원, 간호 도우미 등 단순한 일자리를 구하고, 그 나라 사람들과 부딪히며 생활하는 것이 좋다. 다른 나라에서는 일반적으로 이렇게 하면서 언어를 배울 기회를 얻는데, 유독 러시아 사람들만 항상 예외였다.

추천할 만한 방법이 하나 더 있는데, 그것은 해당 언어로 된 영화를 가능한 한 많이 보는 것이다. 이 방법 역시 러시아에선 활용하기가 힘들다. 왜냐하면, 러시아에서는 대부분 외국 영화를 더빙하거나 외국어와 러시아어 번역이 같이 들리게 만들기 때문이다. 내가 가 본 여러 나라에서는 전부 영화에 자막을 넣는 방식을 택하고 있었다. 더빙된 영화는 완전히 다르게 느껴진다. 언젠가 터키어로 더빙된 구소련 전쟁영화를 본 적이 있는데, 영화 속 소련 군인들이 공격을 하면서 "알라!"라고 외치고 있는 것이 아닌가. 정말 우스운 일이 아닐 수 없다. 이 영화는 영화수출기관(Совэкспортфильм)의 주문으로 구소련 스튜디오에서 더빙된 것이었다. 구소련은 더 이상 존재하지 않지만 더빙은 여전히 건재하다. 누굴 위해서인지, 왜인지는 알 수 없다. 만약에 <산타바바라> 같은 연속극에 자막을 넣어 방영했다면 할머니들까지도 빠르면 한 주안에 'How are you doing?', 'Are you OK?'와 같은 영어 표현을 배웠을 지도 모른다. 영어 학습자라면 자신도 모르는 사이 미국 중산층이 자주 쓰는 어렵지 않은 표현을 익히고 영어 이해력을 한층 높일 기회를 얻을 수 있었을 것이다. 어쨌든, 아직까지 그런 기회는 오지 않았고 우리는 주어진 환경에서 새로운 가능성을 찾는 수밖에 없다.

지식의 매춘행위(?)

위에서 지적한 대로 저급 통번역사가 배출되는 것이 부실한 교육과 고급 통번역에 대한 적은 수요 때문이기는 하지만, 그것이 전부는 아니다. 가장 근본적인 이유는 통번역이 인간의 복잡한 지적

활동이기 때문이다. 전문 통번역사는 아니지만 통번역 일을 부업으로 하고 있는 재능 있는 프로그래머가 한 명 있었는데, 그는 통번역을 가리켜 지식의 싸구려 매춘행위라 하였다. 자신의 몸을 싼 값에 흥정하는 매춘부와 같이 통번역사도 자신의 지식을 헐값에 팔고 있다는 것이다. 동의할 수 있는 말이다. 예전에 필자와 동료에게 석유화학업체 안전기술에 관한 번역이 들어온 적이 있었다. 내용에는 화재 발생 및 설비 담당직원 대피시 근무조가 준수할 수칙이 포함되어 있었다. 까다로울 것이라는 예감이 들었고, 그 예감은 적중했다. 몇 가지 임시직에 어울리는 직책을 우리말로 한 번 생각해 보자.

  Fire Manager : 근무 중인 소방 안전상황 책임자(?)
  Fire Team Leader : 근무 중인 자원(?) 소방대 책임자
  Fire Contact : 지역 소방대, 경찰, 응급팀 연락 담당자(?)
  Fire Master : Fire Team Leader와 유사

 Fire Team Leader가 자신의 책상에서 감독하고 소방대 활동을 지시하는 반면 Fire Master는 직접 화재 진압을 지휘한다. 그럼 대체 Fire Manager는 무슨 일을 할까?

  Evacuation Captain : 근무조 대피시키는 사람
  Evacuation Controller : 대피작업을 감독하고 남겨진 사람이 없는지
   챙기는 사람

 이것은 그 전체 직책 중 기억나는 일부에 지나지 않는다. 몇 가지 안 되지만 적당한 표현을 찾아내기가 쉽지 않다. 필자와 동료는

우선 'Fire Master'를 소방대장이라고 결론 내렸다. 하지만, 나중에 백과사전을 찾아보니 옛 러시아시대 경찰 간부, 지역 소방관계 책임자로 번역을 해야 맞았다. 방향을 잘못 잡은 셈이었다.

번역을 하면서 정확히 일치하는 등가어를 찾기 위해서는 관련 서적을 도서관에서 뒤지고 여러 종류의 사전 중 몇 가지를 선택해서 찾고, 해당 분야 전문가와 협의해야 한다. 이 모든 일을 하루 이틀 안에 끝낼 수는 없다. 해당 기술 용어를 연구하는 전문가와 며칠을 함께 고민해야 마땅하다. 그러나 당시 우리에게 주어진 건 불과 몇 시간뿐이었고 필자와 동료는 모든 등가어를 찾아내서 번역을 넘겼다. 지식을 헐값에 팔아넘기는 전형적인 예이다.

통번역의 어려움과 매력

지적 활동으로서의 통번역은 그 자체로 어려울 뿐 아니라 다른 이유에서 더욱 복잡해진다. 그 이유는,

- 극도의 스트레스 상태를 피할 수 없다.
- 신뢰할 수 있고 실제로 이용할 수 있는 통번역 이론 및 방법론이 없다.
- 통번역 경험을 정리하고 축적할 시스템이 없다(사전이나 참고서는 보통 대응하는 어휘, 문법 지식만을 제시할 뿐이며, 이것만으론 부족하다).

이러한 이유로 통번역사는 투명인간이며 거의 모든 분야에서 새로운 길을 개척해야만 한다. 엔지니어는 국가표준(ГОСТы), 건설

기준 및 규칙(СНиПы), 전문서적을 참고한다. 통번역사에게도 사전이 있기는 하지만, 직업의 특성상 제아무리 두꺼운 사전도 좋은 결과를 보장하지 못한다. 게다가 일 자체가 매우 개인적이기 때문에 어려움은 더 크다. 다른 사람들과 함께 하는 공동작업이 아니라, 일대일로 관객을 대면하는 연극배우처럼 자신의 기술과 지식에 의존할 수밖에 없기 때문에 실수를 해도 무마시킬 방법이 없다.

한 마디로, 통번역사는 힘들고 피곤하고 신경 쓰이는 직업이다. 30년 경험에 근거한 확실한 사실이다. 그럼에도 불구하고 통번역사는 멋진 직업인가? 필자는 멋진 직업이라고 생각한다. 재미있기 때문이다. 통번역사는 매 시간 풀기 어려운 문제와 부딪히지만, 어떻게 해서든 해결을 해야 하고 또 실제로 해내고야 만다. 결과야 천차만별이지만 어쨌든 해결한다. 보이지 않는 곳에서 대통령에서 농부에 이르기까지 참으로 다양한 사람들을 만날 수 있고, 전쟁에서 학술세미나까지 참으로 다양한 상황을 지켜볼 수 있다. 수많은 나라를 둘러보며 갖가지 풍습을 세세히 알 수 있다. 통번역사가 아니면 이런 기회를 얻을 수 없을 것이다.

물론 통번역사는 정신적으로나 육체적으로 매우 힘든 직업이다. 통번역사는 머리로 복잡한 과제를 계속 해결해야 할 뿐 아니라 스트레스에 이르곤 하는 정신적 긴장 상태를 늘 겪는다. 열 명 정도가 참석하는 토론을 4~5시간 순차통역 하고 나서, 국제노동기구 관리들조차 가장 힘든 직업으로 분류하는 동시통역을 몇 시간한다면 어떤 상태가 될까?

이 책의 목적

통번역이 어렵다는 것은 논란의 여지가 없는 사실이다. 하지만, 통번역에 필요한 최소한의 정보를 바탕으로 해야 할 일의 특성이 무엇인지 정확하게 파악하고, 노련한 통번역사들이 가지고 있는 경험과 다양한 위기해결 방법을 활용해서 자신이 어느 정도 할 수 있을지를 미리 예측할 수 있다면, 어려운 통번역에 훨씬 수월하게 접근할 수 있을 것이다. 이것이 필자가 책을 쓰는 목적이다. 독자에게 통번역에 대한 필수적인 최소한의 정보를 제공하고, 필자와 전문 통번역사 동료들이 쌓아온 노하우를 함께 나누고자 한다. 그리고 그 외에도 이 책을 통해 언어와 통번역에 대해 개인적으로 가지고 있는 생각을 말하려고 한다. 통번역, 언어, 나아가 우리 삶 자체에 절대적인 진리가 존재하지 않듯이 필자가 말하려는 것도 그러한 진리가 아니기 때문에 논쟁을 하게 될지도 모른다.

우선, 가장 기본적인 것 즉, 통번역의 근간이고 재료인 동시에 '통번역사의 악기' 역할을 하는 언어란 것이 과연 무엇인지 생각해 보자.

언어, 주변 세계, 인간

언어는 주변 세계와 아무 연관성이 없는 한편, 그 세계를 아주 정확히 구현해낸다. 단어의 의미는 합의의 결과이지만, 이 합의는 깨어지기 쉽다. 언어는 다의적인 동시에, 정보를 가장 정확하게 기록하고 전달하는 수단이다. 언어의 이러한 모순점을 어떻게 설명할 수 있을까? 이런 불안한 커뮤니케이션 수단을 이용하면서 우리는 어떻게 서로를 이해하는 걸까?

언어란 무엇인가

'언어란 사고의 실제이며 커뮤니케이션의 수단이다.' 마르크스주의자들은 언어를 이렇게 정의 내린다. 그런데 마르크스주의자들이 내린 다른 여러 가지 정의와 마찬가지로 언어에 대한 정의도 옳기는 하되 너무 막연해서 현상의 본질을 이해시키기에는 부족하다. 언어의 도움으로 우리가 서로 교류하고 생각을 표현한다는 뜻인데 그게 뭐 새로울 것이 있는가? 우리는 손짓 발짓을 통해서도 교류할 수 있으며 생각을 표현하기 위해 때론 그림이나 도면을 이용한다. 그럼 이 모든 것이 언어인가? 생각의 표현 및 커뮤니케이션을 위해, 말 즉 언어를 사용하는 방법과 제스처, 그림 등 말이 아닌 다른 수단을 사용하는 방법의 차이점은 무엇인가?

해답을 찾기 위해 우선 이렇게 접근해 보기로 하자. 언어는 우리가 주변 세계를 어떻게 이해하는지 기록하고 그에 대한 정보를 서로에게 전달하기 위해 이용하는 코드이다.[3] 그리고 그림이나 도표 같은 것은 세계에 대한 우리의 이해를 표현하는 비언어적 코드이다. 그렇다면 코드로서의 언어는 정보를 코드화하는 다른 방법과 어떤 점에서 다른가?

---

[3] 언어에 대한 이러한 정의는 잠정적 가설로서 사이버네틱스 등에서 이용된다. 참조. 멜니코프(Мельников Г. П.), "시스템론 및 사이버네틱스의 언어적 관점" (모스크바, 1978)

비언어적 코드

주변세계에 대한 이해를 코드화하는 수단인 언어는 주변 세계의 코드화된 대상과 아무 연관성도 없으며 코드화되는 과정에서 엄청난 규모의 다의성을 띠게 된다. 언어적 코드를 어떻게 풀어야 할지 생각해 보기에 앞서 기억해 둘 것이 있다. 인간이 주변 세계를 의식적으로 구현해 낸 모든 결과물이 그 세계와 직접적이 아닌 간접적인 관계를 맺고 있다는 점이다. 다시 말해서 구현하고자 하는 현실 모습에 대한 사고의 형상(개념)이 설정되고 이를 통해 결과가 만들어진다. 그리고 사고의 형상이 사람마다 다르기 때문에 구현된 모습도 다양할 수밖에 없다. 예를 들어, 나무를 종이에 그린다고 해 보자. 우리가 그리는 것은 주변에 존재하는 실제 나무가 아니라 머리 속에 들어 있는 그 나무의 형상(개념)이다. 형상은 전형적일 때가 많지만, 때로는 과장되거나, 우스꽝스럽거나, 의도적으로 왜곡된 모습일 수도 있으며 나무의 고유 특징 중 하나만을 살렸을 수도 있다. 지형도의 나무 표시, 화가의 나무, 계통수, 디시전트리(decision tree) 등을 살펴보면, 형상 자체는 전부 다르지만 그 모습이 나무와 비슷하다는 점을 발견하게 된다. 나무라는 공통의 개념을 표현했기 때문이다.

실제 세계를 담고 싶은 열망에도 불구하고 사진이나 자연주의 회화 작품조차 현실의 대상이나 모습을 정확히 구현할 수는 없으며 항상 각 개개인 지각의 특성이 들어갈 수밖에 없다. 또한 끊임없이 변화하는 이 세상에 똑같은 두 개의 대상은 존재하지 않는다. 퍼셉트론의 예에서 이 사실을 분명히 알 수 있다. 퍼셉트론은 사이버네틱스에 의해서 처음 알려졌다. 대상을 측정하여 형태, 크기, 성분,

색, 질량 등 모든 변수를 기록하고 이렇게 수집된 자료에 근거하여 동일한 대상을 인식하게 될 자동장치 퍼셉트론을 만들어 낼 계획이었다. 그러나 구상은 실현되지 못했다. 완벽하게 동일한 변수를 가진 두 개의 대상은 존재하지 않는 것으로 판명되었고 퍼셉트론은 너무도 간단한 기하학적 도형조차 인식해낼 수 없었다. 이러한 예를 통해 우리는 주변 세계가 끊임없이 변화한다는 사실을 확인할 수 있으며, 다른 한편으로는 우리가 표현하고 인식하는 것이 주변 세계 대상 자체가 아니라 그에 대한 생각이며 개인적인 이해임을 알 수 있다.

그럼에도 불구하고, 실제 세계의 모습을 묘사한 것과 원대상 사이엔 어느 정도 비슷한 점이 있어서 다른 사람들도 알아차릴 수 있다. 코드는 코드인데 풀기 쉬운 코드인 셈이다. 우리는 그림을 그리면서 주변 세계를 어느 정도 흉내 내고, 다른 사람이 말하려 하는 대상이 무엇인지 알아차린다. 인류가 이미 세계의 일반화된 형상을 만들어낸 때문이다. 그런 까닭에 이런 과정을 거치지 못한 기계는 코드를 풀지 못한다.

약속과 합의

그림과 달리 언어는 주변 세계를 구현하려 하지 않을 뿐만 아니라 언어 사용자들의 합의(약속)에 의해서만 세계와 관계를 맺는다. 그래서 언어를 약속에 의한 것이라고 한다. 즉 사람들이 합의를 했다는 뜻이다. 예를 들어, 나무라는 주변 세계를 놓고 일정한 기호와 소리를 결합하여 표현키로 한 것이다. 러시아어는 Д Е Р Е В О, 영어는 T R E E, 독어는 B A U M, 프랑스어는 A R B R E 등. 이 합의는 반드시 기억해야만 한다. 그렇지 않을 경우 코드화된 지시어를 해독할 수 없다. 만약에 우리가 터키어 사용자들이 맺은 약속을 따르지 않는다면 'onemli not'[4])가 무슨 뜻인지 알 수 없을 것이다.

글자가 탄생한 인류 문명의 태동기, 사람들은 주변 세계 형상을 흉내 내어 글자를 창조하려 하였다. 정보 코드인 글자는 당시 그림에 가까웠다. 이집트 상형문자를 보면 이 사실을 확인할 수 있다(그림 1).[5]) 그리고 말은 아마도 자연에서 따왔을 것이다. 지금까지도 의성어의 요소가 러시아어에 남아 있다. 예를 들어보면, 'кукушка 뻐꾸기'(ку-ку 뻐꾹뻐꾹), 'мяукать 야옹거리다'(мяу-мяу 야옹야옹), '으르렁대다 рычать'(р-р-р 으르렁) 등. 그런데 시간이 흐르면서 언어와 주변 세계와의 유사성이 사라지고 약속이 힘을 얻는다. 즉 언어사용자간에 일종의 조건부 합의가 맺어진다.

---

4) 주요 주석(터키어)
5) 삽화 발췌 문헌 How to Read Hieroglyphs.－Lehnert & Landrock Succ. Publish. Cairo

제2장 언어, 주변 세계, 인간 35

그림 1

다의성

약속은 자꾸 깨어진다(파니코프스키6)가 떠오른다). 약속은 깨어지고 다의성이 등장한다. 언어에 관한 약속을 과연 누가 어기는 걸까?

---

6) 역주. 일리야 일리프, 예브게니 페트로프, "금송아지" 참조. 약속이 쉽게, 느닷없이 깨어진 경우를 일컫는다. 파니코프스키는 위 작품의 등장인물이다.

생각해 보면, 정도의 차이는 있겠지만 바로 우리 모두이다. 사람들은 지역, 직업, 사회적 위치, 종교에 따라 그룹을 짓고 단어에 또 다른 의미를 덧붙이기 시작한다. 은어, 방언, 전문용어가 새로 등장하고, 그것이 모든 사람의 인정을 받는 수준이 되면 새로운 약속이 성립된다. 그런데 이 때 원래의 의미도 그대로 유지되고는 한다. 이런 식으로 다의(둘 이상의 의미)성이 생겨나는 것이다. 새로운 세대가 단어의 의미를 그들의 방식으로 해석하고 옛 의미도 계속 남아 있다면 그것이 곧 다의성이다.

영어에서는 새로운 단어의 출현을 'coinage 주조'에 비유한다. 썩 괜찮은 생각이라고 본다. 새 단어와 새 동전. 액면가가 명시된, 즉 특정한 무엇을 의미하는 동전. 시간은 흘러 동전은 닳고, 디노미네이션[7]이라도 거치면 10코페이카가 1루블, 100루블이 되기도 한다. 물론 반대의 경우도 가능하다. 유통 중인 동전이 그렇듯이 단어도 새로운 의미를 얻거나 또는 잃는다.

영어를 앞에 놓고 다의성의 예를 멀리서 찾을 필요는 없다. 'board'의 의미를 예로 들어보면, 판자, 탁자, 식사, 선반, 마분지, 뱃전, 이사회, 위원회, 국, 부 등이 있다. 사전에서 같은 쪽에 있는 'blue'의 경우도 살펴보자. 하늘색의, 남색의, 푸른, 창백한, 우울한, 암담한, 불경한, 음란한, 보수당의 등 뜻이 무척 많다. 아마도 첩보원이라면 작전을 펼치면서 이런 식의 복잡한 코드를 사용해야 하지 않을까? 첩보원이 되고 싶던 어린 시절의 꿈이 깨어지는 순간이다.

이들 단어의 의미와, 푸른색 탁자(blue board)를 표현한 그림 혹은 도안을 비교해 보자. 그림을 보고 '우울한 이사회'를 떠올리는

---

7) 역주. 통화단위의 명칭 절하를 의미한다. 통화의 가치를 절하하는 평가절하(devaluation)와는 전혀 다르다. 단순히 모든 금액의 단위가 일률적으로 바뀐다.

사람은 없을 것이다. 언어의 다의성이 영어, 중국어, 일본어와 같은 분석적(analytic) 언어에서 최고조에 이르는 것은 사실이지만, 러시아어, 독일어 등 종합적(synthetic) 언어의 경우도 만만치 않다.

개를 대상으로 한 그림, 사진과 '개'란 단어를 놓고 생각해 보자. '뭐하는 거냐, 이 개자식들?', '개 같은 이교도'라는 표현이 있다고 치자. 이 경우 '개'가 가리키는 것은 '사람'이다. 밖에서 정신없이 돌아다니며 놀던 어린 시절에 우리는 할머니에게서 "강아지 다리를 달았냐?"는 말을 듣곤 했다. 그것이 우리 다리에 강아지같이 털이 나고 발톱이 있다는 뜻일 리는 없다. 이와 같이 '개'란 단어가 '사람'을 지칭하기도 하고, '개 같은'이 '피곤을 모르는', '잘 참는'이라는 뜻으로 쓰이기도 한다. 언젠가 인부들이 하는 이야기를 들었다. 무거운 받침대를 짊어지고 계단을 오르는 동료에게 또 다른 인부가 한마디 했다. "집어치워! 승강기로 올라가자." 그런데 이 말을 들은 동료 인부가 짐을 집어서 치워버리기는커녕 바닥에 얌전히 내려놓는 것이 아닌가. 당연한 반응이다. '집어치워'는 '그만두라'는 의미이기 때문이다. 이와 비슷한 예는 헤아릴 수 없이 많다.

맥락(context), 상황(situation), 배경지식(background knowledge)

언어는 분명히 다의적이다. 그럼에도 불구하고 우리는 서로의 말을 알아들을 수 있다. 그 이유는 무엇인가?

한 가지 방식을 제안하겠다. 단어, 단어 일부분, 관용구는 아동용 블록 세트이고 구(phrase), 문장으로 구성된 발화나 텍스트는 블록으로 쌓을 수 있는 대상이라 생각해 보자.[8] 아이들이 집을 쌓을 때 보면, 하나의 블록이 벽도 되었다가 지붕도 되고 또 계단이 되기도 한다. 집이 아닌 코끼리나 기린을 만든다 치면 그 블록은 다리나 머리, 눈으로 변신한다. 이것이 바로 맥락(context)이라는 개념이다. 즉 맥락이란 하나의 단어블록을 둘러싸고 있는 다른 단어블록이다. 우리가 만들고자 하는 대상이 무엇인지 즉 주위에 어떤 블록이 놓이는가에 따라 단어가 지닐 의미가 결정된다. 대상이 집이라면 벽, 계단, 지붕 등이 될 것이고, 기린을 만든다면 다리나 머리, 그리고 꼬리까지도 될 수 있을 것이다. 다시 말해서 주변 블록과 우리가 만든 완성품이, 각각의 블록이 어떤 역할(의미)을 맡고 있는지 살짝 알려준다. 다양한 맥락에 초점을 맞춰, 갖가지 완성품의 블록으로 쓰인 'board'를 다시 살펴보자. 'board and lodging'은 '식사가 포함된 숙박', 'board of directors'는 '이사회', 'starboard'은 '우현'을 각각 뜻한다. 주변 단어 즉 주변 블록을 보면 'board'의 의미를 알 수 있다.

  맥락은 다의성을 없앨 수 있는 가장 믿음직하고 보편적인 수단임에 틀림없다. 그렇지만 다른 방법이 없는 것도 아니다. 상황, 그리고 이른바 배경지식을 활용하자. 우선, 무엇으로도 변할 수 있는 블록에 대한 이야기로 돌아가 보자. 아이가 집을 쌓을 것이란 사실을 미리 알고 있다면 즉 상황을 사전에 파악했다면, 집을 완성하여 맥락이 성립되기 전에 이미 블록의 역할이 코끼리의 다리, 머리, 꼬리가 아니라 벽, 지붕, 창문임을 예상할 수 있다. 상황을 파악하려면

---

[8] 스위스의 뛰어난 언어학자 페르디난드 드 소쉬르가 고안한 방법(용어는 다르지만 사실이다)이며 현대 구조 언어학의 시발점이다. 소쉬르, "일반 언어학론" (모스크바, 1933)

배경지식 즉 이미 알고 있는 정보가 필요하다. 집에 다리, 머리, 꼬리가 없다는 것을 모른다면 위의 상황에서 그 같이 예상하지 못했을 것이다. 맥락에 근거하여 단어의 의미를 분명히 하고자 할 때 의미 관계에 대한 배경지식은 필수적이다. 'Cranes are flying', 'Heavy powerful cranes'의 두 문장을 'crane'을 제대로 이해해서 '두루미가 날아간다', '무겁고 힘 좋은 기중기'로 옮기려면 맥락과 배경지식을 충분히 이용해야 한다. 이미 우리는

> 기중기는 날 수 없다.
> 설마 두루미를 보고 무겁고 힘이 좋다고 했을 리 없다.[9]

와 같은 사실을 알고 있다.

다의성 제거 방법

영단어 'conductor'를 이용하여 언어 다의성 제거 방법을 다시 생각해 보자. 누군가 이 단어를 언급하며 전기도면을 보여준다면 '도관'의 의미임을 쉽게 알아챌 수 있다. 콘서트 중이나 끝난 자리였다면 당연히 '지휘자'를 떠올릴 것이며, 버스에서 표 파는 사람을 그렇게 불렀다면 '차장'이라고 생각할 것이다. 이런 식으로 상황(situation)을 참고하여 'conductor'의 의미를 파악할 수 있다. 그러나 좀 더 자세히 보면 다른 요인도 작용하였음을 알 수 있다. 그 동안 습득한 배경지식(background knowledge) 즉, 버스에서 표 파는 사람

---

[9] 예시 참조. Miram G. Translation Algorithms. - 끼예프, 1998.

이 '차장'이고 오케스트라를 지휘하는 사람이 '지휘자'라는 지식에 근거하여 선택을 한 것이다.

  이쯤에서 몇 가지 덧붙일 것은 첫째, 상황과 배경지식에 근거하되, 의미의 결정은 상대적으로 이루어진다. 예를 들어 두루미가 무겁고 힘이 좋을 수도 있는 것이고, 헬리콥터에 매달면 기중기도 날 수 있을지 모른다. 그렇기 때문에 어디까지나 자신의 경험을 바탕으로 어느 의미가 더 가능성이 높을지 판단하여 결정을 내린다. 둘째, 상황, 배경지식도 맥락의 일종이다. 비언어적 맥락 또는 이제까지 받아들인 언어적 맥락의 투영이라 하겠다.

  연미복을 입고 막대기를 들고 서 있는 아저씨를 언제부터 지휘자라고 불렀는가. 처음으로 갔던 연주회 때 부모님에게서 들었거나, TV를 통해 혹은 동화책에서 읽었을 수도 있다. 이것이 바로 사전에 습득한 언어적 맥락의 투영이다. 기중기는 무겁고 힘이 세며 두루미는 날 수 있다는 사실은 어떠한가? 날고 있는 두루미, 건설 현장이나 부둣가에서 움직이는 기중기를 보고 나서부터 즉, 비언어적 맥락인 '실제 현실의 맥락'을 통해 그렇게 여기게 되었을 것이다.

  단어의 의미선정체계를 올바로 이해하기 위해 우선 알아두어야 할 것이 있다. 우리 주변의 모든 대상은 결합 맥락(context of compatibility) 속에 놓여 있으며 특정 맥락 안에서만 제대로 작동한다. 정해진 곳에만 맞도록 제한되어 있으며 그 외 맥락에 쓰면 마치 아버지 양복을 빌려 입은 모습처럼 이상하고 어색해 보인다. **언어는 현실의 맥락을 발화의 맥락에 반영한다.** 이 과정에서 언어는 이러한 결합의 법칙을 자체적인 문법과 성음규칙에 맞춰나간다. 맥락, 상황, 배경지식이 단일한 '결합법칙'에 근거하여 통합되기는 하지만, 편의상 언어의 다의성이 제거되는 요소로서 앞으로도 세 가지 변수를 구별해서 살펴볼 것이다. 이 세 가지를 완전하게 구별하기는 어렵지만 통역과 번역을 하는 데에 있어서 각기 매우 중요한 역할을 하기 때문이다.

단어의 의미선정

자연어는 비한정적이고 불확실한 코드이지만, 맥락, 말이 오가는 상황, 배경지식을 통해 이상적인 정보 기록 및 전달 수단으로 재탄생하며 인위적으로 만든 어떠한 코드나 언어보다 훌륭하다. 언뜻 단점으로 보였던 언어의 다의성도 이 세 가지가 주는 마술의 힘으로 인해 장점으로 승화된다. 정보전달 코드로서 언어가 지닌 유연성과 견고함은 다른 정보 전달 시스템과 비교할 수 없다. 그럴 수밖에 없는 것이 단어, 음절에서부터 자모나 소리에까지 이르는 모든 언어 기호는 세 번에 걸쳐 의미를 부여 받는다. 즉 세 가지 근거에 의해 의미가 정해진다.

- 이 기호는 …, …, …라는 의미를 가지고 있다는 약속(합의)
- 이 기호의 의미를 유추하게 해주는 상황과 맥락
- 해당 맥락(상황)에서는 이 기호가 다른 것이 아닌 이 의미를 가진다는 것을 알려주는 배경지식

맥락, 상황, 배경지식이 지닌 의미선정 기능을 입증할 좋은 실험방법으로, 전혀 생소한 외국어로 전하는 국제정치뉴스 시청을 들 수 있다. 언어를 거의 혹은 아예 모르더라도 꽤 많은 내용을 이해

할 수 있다. 익숙한 사건과 관련하여(배경지식) 등장하는 이름, 지명이 무엇인지 알 수 있고(맥락), 무슨 일이 일어나는지 화면을 통해 볼 수 있기(상황) 때문이다. 그리고 그들 언어의 약속을 함께하지 않은 이상 이 과정에서 첫 번째 근거인 약속은 쓰이지 않는다. 필자는 실제로 터키, 핀란드, 이스라엘, 이집트에서 이러한 경험을 해보았다. 결과는 동일했는데, 절반 정도 이해할 수 있었다. 여러분도 직접 실험을 해보면 비슷한 결과를 얻을 수 있을 것이다. 단어의 의미선정과 관련하여 한 가지 예를 더 들어보면, 예전에 한 여객선에서 이집트인 승무원이 필자에게 다가와 이렇게 말한 적이 있다. "I shall wash your cabin, sir." 당시 필자는 승무원이 선실을 닦으려는 게 아니라 그냥 정리하려 한다는 사실을 알 수 있었다. 발화를 둘러싼 상황과 배경지식이 'wash'의 의미를 어떻게 해석해야 하는 지 알려주었기 때문이다.

작은 약속

언젠가 길거리에서 두 명의 여자가 우크라이나어로 나누는 대화를 들었다.

- Тут він підходить до мене і той. 그리고는 그 남자가 나한테로 와서 그러는 거야
- Таке! 그래!

'той', 'таке'가 전자는 어떤 행동을 가리키고 후자는 느낌을 담

은 평가라는 것 외에는 도무지 무슨 뜻인지 알 수가 없었다. 그것이 그들만의 '작은 약속'이었기 때문이다. 무의미해 보이지만 당사자들에겐 매우 깊이 있고 구체적인 내용이었다.

'작은 약속'이란 도대체 무엇인가. 이번에도 비유를 들어 설명하겠다. '인생은 게임'이라고 하는 데, 모든 언어적 접촉, 쉽게 말해 대화도 일종의 게임이다. 접촉하려는 사람들 자신이 게임의 룰을 결정하고 무엇이 무엇을 의미하게 될지 계약을 맺는다. 어린 시절 했던 놀이를 기억할 것이다. 기차놀이를 한 번 떠올려보자. 아이들은 장난삼아 기관차도 되고 객차, 신호기로도 변한다. 놀이를 하는 동안, 놀이 참여자들끼리만 그렇게 여긴다. 마찬가지로 언어적 접촉를 하는 사람들도 그 시간동안 자신들이 지킬 작은 약속을 한다. 가족간의 작은 약속을 살펴보자. 이제 특정 단어의 뜻은 그 가족만이 알 수 있다. 필자의 집 발코니에 있는 낡은 트렁크는 예전부터 '헬가'로 불렸다. "헬가 좀 봐", "헬가 위에 놓은 거 아냐?" 이런 식이다(설명을 붙이자면, 엄청나게 고가인 핀란드 가구 세트를 '헬가'라 부르곤 했다). 도시나 지역만의 작은 약속도 있다. 필자의 동네에선 어떤 상점을 '템포'라고 부른다. 언제부터 그 이름을 갖게 되었는지 아는 사람도 없다. 어쨌든 다른 지역에 사는 사람은 '템포'가 무엇인지 알 수 없다. 왜냐하면 작은 약속에 참여하지 않았기 때문이다. 비슷한 예가 하나 더 있다. 예전에 모스크바에서 있었던 일이다. 가게 점원에게 'кулечек 봉지'가 있는지 물어봤지만 헛수고였다. 끼예프에서 통하는 이 말을 아무도 이해하지 못했기 때문이다. 모스크바식 작은 약속에 따르면 비닐로 된 봉투는 'пакетик 봉투'일 뿐이었다. 마지막으로 뉴욕의 삶을 그린 한 미국 소설에서 대화 한 구절을 뽑았다. 아마 적절한 예가 될 것이다.

- You know he is a PR?
- You mean Public Relations?
- Why? No. Puerto-Rican.

이 모든 것들이 작은 약속이다. 약속은 각각의 단어 의미에 국한될 수도 있고 특정 사회에서 통용되는 어휘 전부를 아우를 수도 있다(이른바 in-house language). 약속이 오랜 시간, 그러니까 수년, 수 세기에 걸쳐 유지되면 우리는 이를 은어, 방언이라 부르며 익히기 시작한다. 한편 잠시 잠깐이나 일시적인 상황 속에서만 유효한 약속도 있다. 터키에서 국제회의 동시통역사로 활동한 동료가 있는데, 시장에서 일하는 터키인 상인과 'kücük 작은' 'büyük 큰' 단 두 마디로 의사소통 할 수 있는 방식을 개발했다. 'büyük'이 0.75L 병이라고 하면 'kücük büyük'은 0.5L 병이 된다는 식이다. 상인들은 그 말을 정확히 이해했다. 소규모 그룹을 위해 만들어진 작은 약속인 셈이다.

기계의 의미선정 과정

의미선정 과정에 대한 개략적인 결론을 내려보자. 언어란 기호, 소리의 합으로 이루어진 코드로서 약속(작은 약속), 맥락, 상황, 배경지식에 의해 그 의미가 정해진다. 약속이 의미의 폭을 넓게 규정해 놓으면 맥락, 작은 약속, 상황, 배경지식이 이를 좁혀 나간다(그림 2).

```
의미(약속):
    CRANE = 두루미, 크레인, 사이펀(기술)
의미("작은 약속"):
    CRANE = 사이펀(기술)
의미(문맥):
    Cranes are flying = 두루미가 날아간다 /
    Heavy powerful cranes = 무겁고 힘 좋은 기중기
의미(배경지식):
    두루미는 날아다닌다 / 기중기는 무겁고 힘이 좋다
의미(상황):
    (두루미가 보인다) crane = 두루미 /
    (기중기가 보인다) crane = 기중기
```

그림 2

이렇게 정리하니 무척 간단해 보인다. 그러면 지금부터 언어장치가 'I go to school'과 같은 우리에게 너무도 익숙한 문장을 정확히 이해하기 위해 필요로 하는 논리 작용에 대해 살펴보자. 복잡한 과정, 횟수 등을 제대로 이해하기 위해 번호를 매기기로 한다.

❶ 'I go to school'이라고 글로 쓰여 있는 경우, 기계는 이 문장을 'I. 즉 로마숫자 I.'과 'go to school 학교에 가라(가세요)'로 분리해 인지할 가능성이 있다. 이를테면 번호가 매겨진 지시문의 내용이 '학교에 가라'인 것이다. 논리 작용 첫째. I 뒤에 점이 있으면 '학교에 가라', 없으면 '나는 학교에 간다'로 인식한다.

❷ 'school'은 또한 '물고기 등의 떼'를 의미한다. 그렇다면 제

시 문장의 뜻은 '나는 물고기 떼가 있는 곳으로 간다'가 된다. 상황을 보고 주제가 물고기 떼가 아님을 알아챌 우리들이야 이 문장을 제외시킬 테지만 기계 입장에선 충분히 가능한 안이다.

❸ 'go'의 뜻은 '가다' 외에도 '차를 타고 가다, 떠나다, 차를 타고 떠나다' 등 여러 가지이다. 기계는 맥락, 상황, 사전 지식의 도움을 받지 못하므로 위에 언급한 의미가 주어진 경우에 어울리지 않음을 판단하지 못한다. 때문에 'I go to school'을 '나는 학교에 차를 타고 간다, 나는 학교로 떠난다, 나는 학교로 차를 타고 떠난다.'로 해석할 수 있다.

❹ 'school'과 '가르치다', '배우다' 동사 사이에서도 비슷한 상황이 벌어진다. 기계가 'I go to school'이 '나는 가르치러 간다', '나는 배우러 간다'의 뜻이 아니라고 판단할 근거가 없기 때문이다.

❺ 대신 기계는 형태에 근거하여 'go'가 '통용되다'가 아님을 밝혀낼 수 있다. '통용되다'의 서술어 'go'는 '나'와는 다른 의미군의 주어를 요구한다('money 돈, currency 화폐, notes 지폐').

❻ 기계는 주어진 문장과 관련, '이르다', '말하다'의 'go'도 제외시킨다. 예를 들어, 'as the saying goes 속담에 이르기를'은 선택에서 빠진다. 술어가 다른 의미군의 주어와 짝을 이루기 때문이다('word 단어, message 메시지, saying 속담').

❼ '죽다', '사라지다'의 의미도 채택되지 않는다. 'go' 자동사와

전치사구 보어 'to school'의 의미가 배치되기 때문이다.
- ❽ 전치사 'to'를 '~를 향해', '~로'의 뜻으로 즉 '나는 학교를 향해 간다', '나는 학교로 간다'로 취급하지는 않을 것이다. 관사 사용법을 완전 공식화 하는 게 어려운 줄은 알지만 그래도 그런 경우라면 'school' 앞에 관사가 있는 'to the school'의 형태였을 것이다.

살펴본 바와 같이, 기계는 'I go to school'을 여러 의미로 해석했다. '나는 학교에 간다', '나는 학교에 다녀 온다', '나는 차를 타고 학교에 간다', '나는 가르치러 간다', '나는 배우러 간다', '나는 물고기떼가 있는 곳으로 간다', '나는 그룹에 합류한다'('to school 그룹에 합류하는') 등. 적어도 이런 의미가 선택될 가능성은 각기 동일하며, ❺, ❻, ❼, ❽에서 다룬 의미는 제외했다.

그러면 사람들은 어떤가? 설마 사람들도 순간적이나마 이런 분석 과정을 거쳐 의미를 파악하는가? 그렇지는 않을 것이다. 필자가 학생들과 했던 간단한 실험이 그 사실을 증명한다.

학생들에게 'I go to school'이 무엇을 의미하는 지 옮겨보라고 했더니 고민할 것도 없이 바로 '나는 학교에 간다'라고 대답하더라. 그 이유는 첫째, 바로 이것이 배경지식이다. '나는 학교에 간다'의 의미로 쓰인 이 문장을 우리 모두가 꽤 오랜 시간에 걸쳐 자주 대해 왔기 때문에 그 의미가 가장 적절하다고 여기는 것이다. 다시 말해서 단어, 구문의 의미선정 시 어떤 변수가 해답을 줄 수 있을지를 직관적으로 가려낸다. 이번 경우는 배경지식이었다. 그리고 상황이 진전되면서 의미가 적절치 않다고 판단되지 않는 한 다른 수단에 기대지 않는다. 둘째, '나는 학교에 간다'는 영어 문장 'I go to school'의 가장 보편적이고 광범위한 의미이다. 반면 '나는 차를 타고 학교에 간다', '나는 차를 타고 학교로 떠난다'의 의미나 '나는 가르치러 간다', '나는 배우러 간다'는 특수한 경우이다. 사람들은 원래부터 단어, 구절의 의미가 확실치 않은 경우 우선 보편적인 것을 선택해 놓고 상황을 봐서 의미를 분명히 하려 한다. 이 점은 앞으로의 사고 전개에 있어서도 중요한 의미를 지닌다.

문장의 구성

문장이 어떻게 구성되는지 살펴보자. '낱말에 낱말이 붙어 말이 늘어나네….'라는 구절이 들어있는 동시가 있다. 언어학에서 '텍스트의 생성'이니 '문장구조'니 하며 난해하게 설명하지만, 필자가 보기엔 이 동시가 아주 간단하고도 정확하게 문장 구성에 대해 정의를 내렸다. 즉 '낱말에 낱말이 붙어' 문장이 되는 것이다. 그렇다면 어느 낱말이든지 모든 낱말 뒤에 붙을 수 있는 것인가, 아니면 어떤 규칙이나 제한이 있는가? 이 문제를 생각해 보도록 하자.

언제나처럼 예를 드는 것이 편할 듯하다. 'дом 집'이란 단어 뒤에는 어떤 단어가 올 수 있을까? 'Дом стоит 집이 서 있다', 'дом строится 집이 세워 진다', 'дом горит 집이 탄다' 이와 같이 'дом 집' 뒤에는 동사가 올 수 있다. 그럼 모든 동사가 가능한지 보자. 이 중 일부는 전의(비유)적 차원에서 쓰인다. 'Дом летит 집이 날아간다, дом думает 집이 생각한다' 등.

형용사는 어떠한가. 'Дом большой, красивый, светлый 집이 크다, 아름답다, 밝다'와 같은 식으로 표현할 수 있는가? 물론 가능하다.

다만 명사 'дом 집'을 한정하지 않고, 연사가 생략된 상태에서 형용사가 서술부로 들어간 경우이다. 원래 문장은 'Дом есть[10] большой 집이 크다'이다. 그렇지만 이러한 규칙에도 예외가 있어서 한정하는 형용사가 주어 뒤에 오기도 한다. 보통 시에 등장한다. 예를 들어 'на Севере диком 황량한 북쪽에', 'Союз нерушимый 공고한 연합' 등.[11] 이상에서도 이미 알 수 있듯이 단어의 배열은 우연이 아니라 문법, 문체 규칙에 의해 정해진다. 전치사에 대해서도 알아보자. 'в'를 한 번 살펴보면, 그 뒤에 명사, 형용사 그리고 부사까지도 놓을 수 있다. 예를 들어, 'в реке, в глубокой реке, в очень глубокой реке 강에, 깊은 강에, 매우 깊은 강에'라고 할 수 있다. 그렇지만 전치사 뒤에 동사나 또 다른 전치사는 올 수 없다.

문장구성 규칙

어느 언어에나 자체적인 제한과 금지규정이 존재한다. 영어에서는 관사 뒤에 동사나 전치사를 바로 쓸 수 없다. 이러한 개별 규칙과 더불어 모든 언어의 문장 구조를 결정짓는 공통 규칙도 있다.

- 언어 구분 없이 발화를 둘러싼 상황
- 문법, 음성 규칙, 문체, 장르적 특징 등 내부적 언어 표준 및 체계[12]

---

10) 역주. 러시아어 동사 есть는 '~이다'의 뜻일 경우 보통 생략한다.
11) 역주. 원문에서는 명사 '북쪽', '연합'이 앞에 나온다.
12) 상세한 내용은 피오트로프스키(Пиотровский Р. Г.) 외, "수리언어학" (모스크바, 1977) 참조.

통번역사는 문장구성 규칙에 대한 지식 특히 해당 외국어 관련 지식을 반드시 갖추어야 한다. 이 문제는 나중에 살펴보기로 하고 지금은 이와 연관시켜 단어의 의미를 생각해 보자. 문장구성 규칙에 의거하여 다음과 같은 결론을 내릴 수 있다. 즉 단어는 기본적인 두 가지 종류의 의미를 갖는다.

- 단어와 주변 세계를 잇는 어휘적 의미
- 언어 체계 내에서 다른 단어와의 관계를 결정짓는 문법적 의미

이러한 분류는 사실 상당히 단순화된 것이다. 이 두 가지 종류의 의미 범위 내에서 수없이 많은 단계를 발견하게 될 것이다. 우선 어휘적 의미는 보통 직접, 지시적(referential) 의미와 전의, 은유적(metaphorical) 의미로, 문법적 의미는 문법적 범주와 단어의 통사적 기능으로 나뉜다. 의미를 완벽하게 분류하는 것이 이 책의 목적이 아니기 때문에 더 자세한 내용은 다루지 않겠다. 독자 여러분도 문법, 어휘 수업을 통해 이미 충분히 접한 내용이라 생각한다. 물론, 구소련, 그리고 소련의 붕괴 이후 이어져 내려온 불합리한 교육체계 내에서, 의미 분류를 실제 언어활동에 이용하는 방법이나 의미 분류가 필요한 이유에 대해 제대로 이해하고 있는가 하는 것은 별개의 문제이다.

어휘적 의미와 문법적 의미

여러분이 의미의 기본적인 종류에 대해 잘 알고 있음에도 불구

하고 그것이 왜 필요한지를 모른다는 것을 전제로 의미 종류와 외국어 구사 능력의 관계에 대해 한 번 짚고 넘어가 보자. 외국어 수업이나 실습시간에는 아마 이런 문제를 해결할 수 없을 것이고, 이런 문제를 전혀 들어보지 못한 사람들도 있을 것이다. 하지만, 여러분은 모두 자기 나름대로 이런 문제를 해결하기 위해 자신도 모르는 사이에 많은 노력을 기울였을 것이다.

의미 종류 및 외국어 학습과 관련해서 다음과 같은 색다른 주장을 하는 사람들도 있다.

- 외국어 학습에 있어서 개별 단어의 뜻을 암기하는 것보다 단어를 결합시키는 규칙을 습득하는 것이 더 중요하다.
- 외국어를 능숙하게 구사하려면 단어를 많이 알기보다는 단어를 맞게 연결하여 내용을 완성할 수 있어야 한다.

다시 말해서, 외국어를 제대로 하고 싶다면 단어의 어휘적 의미보다는 단어의 문법적 의미나 결합규칙을 더 중시해야 한다는 것이다. 하지만, 이런 주장은 모순적이다. 내용을 파악하는데 1차적으로 중요한 것은 단어의 어휘적 의미이고, 문법적 의미는 부차적, 보조적 성격을 띠기 때문이다. 예를 들어보자. 언젠가 회의에서 몽골 발표자가 러시아어로 한 연설을 녹음한 적이 있다. 그 중 일부분이다.

"Монголия хочет делал мир во всем мире и дружба всем народы на разных странах и континентах не только Азия 몽골은 세계에 평화를 구축했고 희망하며 많은 나라와 대륙에 아시아뿐만 아니라 전부 민족에 우정이."

비록 문법은 틀렸지만 말하고자 하는 내용은 대부분 전달되었다고 생각한다. 이러한 까닭에, 외국어를 공부하는 사람은 모두 딜레마에 빠진다. 단어를 많이 알고 말을 틀리게 할 것인가 적은 어휘 수준에서 틀리지 않고 말할 것인가. 우리는 보통 타협을 통해 이 문제를 해결한다. 단어도 가능한 한 많이, 말도 될 수 있으면 틀리지 않게.

외국어 교육

예전에는 외국어 교육에 있어서 주로 아카데믹한 방법이 중시되었기 때문에, 틀리지 않게 말하는 법, 즉 문법을 위주로 가르쳤다. 그러나 결과를 놓고 보면 제대로 가르치지도 못한 것 같다. 학생들이 학교에서 배운 것이라고는 잘못 알고 있는 동사 시제가 고작이다. 그러나 서유럽 학생들은 자연스럽게 대화를 나누며 쉽게 외울 수 있는, 자주 쓰는 생활 표현 중심으로 외국어를 익힌다. 독일, 네덜란드, 그리고 스웨덴 사람들은 긴 문장을 영어로 어렵지 않게 말한다. 구소련이나 현 교육제도 아래서 영어를 배운 러시아 사람들과 비교해 보자. 매번 다음 할 말을 고민하며 '에~ 에~ 에'를 끝없이 반복하고 심한 경우 뒷머리를 긁적이는 게 우리의 모습이다. 하지만, 외국에서 공부한 젊은이들은 다른 서유럽 사람들처럼 외국어를 쉽게 구사한다.

다른 때와 마찬가지로 이번에도 해답은 역시 다른 나라에서 어떻게 하고 있는지를 참고함으로써 찾을 수 있을 것이다. 자주 쓰이는 표현 위주로 공부를 하고, 암기한 이런 표현들을 위주로 정확히 말하는 연습을 한다. 이러한 표현을 많이 알고 있으면 어떤 주제가 나와도 쉽게 대화할 수 있을 것이다. 물론, 이 과정이 말처럼 그렇게 간단하지만은 않다.

표현을 익히는 외국어 학습은 회화책 암기와 비슷해서, 이런 방법만으로는 문법적 의미와 단어간의 체계적인 관계를 배울 수가 없으며, 어떤 식으로든 아주 조금이라도 표준에서 벗어나면 당황하게 된다. 또한 자주 쓰는 표현이란 것이 언어의 일부일 뿐이라 공부를 하는 데 한계가 있다.

그러나 만일 점원이나 웨이터라면 아주 유용하게 쓰일 수 있는 방법이다. 외국의 경우, 이런 방법을 이용해서 마치 몇 개 국어를 자유자재로 구사하는 듯한 환상을 심어주는 점원, 웨이터들이 많다. 날씨, 건강, 혹은 서로 알고 있는 누군가에 대한 사교적인 대화를 지속하기에도 적당하다. 그러나 주제 분야가 당연히 회화책에 나온 내용으로 제한되어 있기 때문에 이렇게 공부한 외국어 수준으로는 진지한 대화를 나눌 수 없다. 이 방법은 특히 통번역사 교육에 적합하지 않다.

통번역사를 위한 외국어 학습법

이 책은 통번역사를 대상으로 한다. 그러므로 이들에게 맞는 외국어 교습법에 대해 자세히 알아보기로 하자. 통번역사는 자주 쓰는 생활 표현만을 익혀서는 안 된다. 그 이유는,

- 통번역사가 되려면 모든 주제에 대해 외국어로 말할 수 있어야 한다.

- 통번역사는 단순히 원하는 표현을 골라 자신의 생각을 외국어로 말하는 것이 아니라 언어를 이용해서 다른 사람의 생각과 표현(이상적인 경우)을 전달한다.

그렇기 때문에 통번역사는 단어의 문법적 의미와 단어간의 결합 규칙을 알고 있어야 한다. 또한 상당한 어휘력을 갖추는 것도 그만큼 필수적이다. 고등교육을 받은 원어민 정도가 바람직한 수준이다. 그리고 앞서도 언급했듯이 생활 표현을 익히는 것만으로 외국어 공부를 마쳐서는 안 된다.

다시 말해서 통번역사는 외국어 학습 시 어휘력 증진과 어휘의 올바른 구사를 조화롭게 추구해나가야 한다. 설령 다양한 주제를 다룰지라도 단순히 외국어를 하는 보통 사람들과 통번역사의 학습 방법이 달라야 함은 당연한 이치이다. 보통 사람과 다른 방식을 고집하는 데는 또 다른 이유가 있다. 일반인의 경우 모국어를 벗어나 외국어를 사용하는 분위기에 가능한 한 확실히 빠져들어야 한다. 그러나 통번역사는 배우는 외국어와 모국어와의 관계를 유지, 강화해 나가야 한다. 이 점 때문에 외국어 학습이 더욱 복잡해진다.

통번역사를 위한 외국어 교습법이 어떤 것인지 아직은 정확하게 말하기 힘들다. 그런 방법이 전문적으로 체계화되지 않았기 때문이다. 일반인에게 하는 그대로 통번역사에게 외국어를 가르치는 것이 현실이다. 전문적으로 체계화된 교육 방법의 필요성에 대해 독자들도 공감할 것이라고 생각하고, 여기서 그 기본적인 토대가 되어야 하는 부분들에 대해서 간략히 살펴보겠다.

음성 교정 수업이 끝나고 시작되는, 교육의 최초 단계에서는 우선 학술적 즉, 아카데믹한 방법이 중심이 되어야 한다. 학생들은 낯선 언어를 습득하고 구조를 이해해야 하며 새로운 언어와 모국어의 구성요소, 품사 사이에 어떤 관계가 있는지 그 논리를 파악해야 한다. 이러한 과정은 모두 의식적으로 이루어져야 한다.

첫 번째 교육 단계에서는 모국어와 외국어의 관계를 다양한 형태로 보여줄 수 있도록 제한적인 특정 어휘만을 이용해야 할 것이다. 이 단계에서는 사용 어휘를 늘리거나, 이미 체득한 논리적 구조에 겉돌기만 할 새로운 단어를 외우는 데 힘쓸 필요가 없다. 또한 말을 빨리 할 필요도 없다. 학생들이 뒷머리를 긁으며 천천히 다음 단어를 고르도록 그냥 내버려 두자. 다만 이 때 정확한 단어를 쓰게 하자. 외국어 표현의 실수가 모국어에서는 어떻게 비치는지 항상 비교해 주어야 한다. 이는 첫 번째 뿐 아니라 앞으로의 교육 단계에 있어서도 매우 중요하다. 예를 들어, 독어나 프랑스어의 관사 사용법을 가르친다고 할 때, 관사가 명사의 성, 수 구분을 나타낸다는 설명만으로는 부족하다. 바로 잊혀져 버려서 실속이 없다. 그보다는 'der affe'를 'die affe'라고 하면 마치 'обезьяна 원숭이' 대신 'обезьян'[13]이라고 하는 것과 같다는 점을 일깨워 주어야 한다. 우스워 보일지도 모른다. 그렇지만 적어도 '구분'이라고 할 때와 달리 기억에 남게 된다. 첫 번째 단계에서는 외국어 지각 능력을 키워야 한다. 이미 지적했듯이 외국어를 공부하는 러시아 학생들이 약한 분야가 지각(listening comprehension)이다. 학생들이 외국어를 가능한 한 많이 듣도록 해야 한다. 이 때, 학생들이 이미 습득한 어휘 수준에 맞추는 것이 좋으며 여러 명이 빠르게, 꾸미지 않고 하는 말이라면 더욱 바람직하겠다. 첫 번째 단계가 지속되는 기간은 물

---

13) 역주. 러시아어로 원숭이는 'a'로 종결되는 여성명사이다. 'обезьян'은 실제 존재하지 않는 단어이나 철자 상으로는 남성명사이다.

론 다양한 객관적, 주관적 상황에 의해 결정된다. 이 단계를 거친 학생들은 기본적으로, 외국어란 일정한 유사성에 의해 모국어와 연결되는 문법 체계라고 생각하게 된다. 그리고 첫 번째 단계가 끝날 즈음엔 제한된 어휘로 이루어진 빠르고 익숙지 않은 말을 이해하는 법을 터득하게 된다.

이렇게 준비가 끝나면, 이제 학생들이 자유롭게 헤엄치러 떠날 때가 되었다고 본다. 학생들을 해당 언어를 사용하는 나라로 보내 비기능직 일자리를 갖도록 하는 것이 최선의 방법이다. 떠나기 전에 유익한 과제를 주도록 하자. 그 곳에서 일하면서 알게 될 관용구나 표현을 정리해 사전을 만들 수도 있을 것이다. 이 과정에서 교사가 맡을 역할은 학생과의 정기적 상담 및 검사이다.

필자가 이해하고 있는, 통번역사 외국어 교습법은 대략 이러하다. 물론 이것을 실행에 옮기기 전에 해야 할 일이 매우 많다. 적합한 방법 연구에서부터 현재 그 수가 너무 적은 듯한, 통번역사를 위한 외국어 전문 교재 개발에 이르기까지 범위도 넓다.[14]

작은 약속과 생활 표현

지금까지 언어의 의미 체계를 살펴보았고, 통번역 교육에서 모국어와 외국어 시스템간의 대응을 어떻게 고려해야 하는가에 대한 의견도 제시했다. 이제까지의 주장과 모순되어 보일지도 모르겠지만

---

14) 넬류빈이 군사분야 통번역에 관해 쓴 책의 내용이 매우 좋다. 교재의 모범이 될 것이다. 넬류빈 L. L.(Нелюбин Л. Л.) 외, "군사분야 통번역 학습서" (모스크바, 1978)

한 가지 덧붙일 것이 있다. 통번역을 훌륭하게 하려면, 어휘적, 문법적으로 결합하는 규칙보다는 해당 언어권에서 실제로 통용되는 언어의 하부체계를 알고 있어야 한다. 이러한 하부체계를 언어학에서는 'узус 우주스'라고 부르는 데, 바로 언어 사용을 뜻한다.

우리가 앞서 다루었던 두 가지 문제로 돌아가 보자. 작은 약속과 빈도수 높은 일상적인 표현의 문제이다. 어휘적, 문법적 의미의 결합에 관한 포괄적인 약속에 기초하여, 언어 사회는 '자연스러운 혹은 어색한 말하기에 대한 작은 약속'을 맺는다. 그리고 이 작은 약속의 범위 내에서 자주 쓰는 생활 표현을 만들어 이용한다. 여기서 통번역사에게 생기는 문제는, 각 언어의 사용자들이 생각하는 자연스러운 표현이라는 것이 대개 서로 일치하지 않는다는 점이다.

러시아어에서는 '황금 알을 낳는 닭을 베다 резать курицу, несущую золотые яйца'라고 하지만, 영어에서는 '황금 알을 낳는 거위를 죽이다 to kill a goose that lays golden eggs'라고 한다. 물론, 영어로 거위 대신 닭이라 할 수도 있다. 그래도 이해는 가지만 실제 영어로는 그렇게 말하지 않는다. 러시아어에서는 '조심해, 넘어질라 осторожно, не споткнитесь'라고 하지만, 영어에서는 '잘 보고 다녀 mind your step'라고 한다. 러시아어의 '서둘지 마 не торопитесь'가 영어로는 '천천히 해 take your time'가 되며 '맛있게 먹어 приятного аппетита' 대신 영어에서는 '식사 즐겁게 해 enjoy your meal'라고 한다.

영어로 'be careful, do not stumble', 'do not hurry', 'pleasant appetite'이라 할 수도 있다. 영어의 어휘, 문법적 결합규칙 차원에서는 하등 문제될 것이 없다. 그러나 실제 사용되는 영어는 이와는 차이가 있다. 가끔은 그 차이가 별 것 아닌 것처럼 보인다. 러시아에서 '입구 아님 Входа нет'이라고 써 붙일 때 미국인들은 'Do not enter'라고 한다. '관계자 외 출입 금지 Посторонним вход воспрещен'도 영어에서는 'Staff only'가 된다. 그러나 곧 차이가 분명히 드러난다. 예전에 아에로플로트 항공사에 근무하는 번역사들이 '근무실 Служебное помещение'15)을 'Service room'으로 번역하였다. 그러자 이곳을 '서비스 룸'이라 여긴 외국인들이 몰려왔고 그 때문에 한동안 정신이 없었다.

 꽤 오래 전 외국어 대학을 졸업하고 아직 어리고 순진하던 시절, 미국 사람에게 필자의 영어에 대한 견해를 물어본 적이 있다. 평소 친절하던 그 사람은 전반적으로 괜찮으나 'phrasing is a bit unusual'이라는 뜻으로 평했다. 필자는 그 조심스러운 평가를 평생 가슴에 새겼으며 그 날 이후로 자신을 제3자의 시각에서 평가하려 노력한다. 나의 외국어가 어떻게 들릴까. 유머에 등장하는 추크치인16)이 러시아어 하듯 하는 건 아닐까? 아니면 그보다는 좀 나을까. 자신의 말을 객관적으로 듣는 것은 결코 쉬운 일이 아니지만 통번역사라면 반드시 그렇게 해야 한다. 그리고 이 때 외국인의 소견에 너무 기대는 하지 않은 것이 좋다. 외국인들은 보통 교양이 있고 예의가 바르기 때문에 가슴 아픈 진실을 있는 그대로 전하지 않는다.

---

15) 역주. 러시아어 'служебный'는 '서비스의'라는 뜻으로 쓰이기도 한다.
16) 역주. 츄크치인은 북동시베리아 지역에 거주한다. 이들을 소재로 한 유머시리즈가 시중에 많이 나와 있는데, 유머 상에서 츄크치인의 말투는 어색하고 딱딱하다.

언어 사용의 차이

각각의 언어에서 사용되는 구조가 미묘하게 차이를 보이는 경우가 많기 때문에 그 언어를 배우는 외국인들은 특히 주위를 기울여야 한다. 가끔은 그 차이가 심하지 않은 경우도 있지만, 그렇다고 차이점을 간과하면 우스꽝스럽거나 무례한 결과가 나온다. 한 체코 친구가 <Боги хотят пить 신은 물을 마시고 싶어 하다>라는 소설을 읽었다고 하는 말을 들은 적이 있다. 이 소설은 사실 아나톨리 프랑스 <Боги жаждут 신은 목말라 하다>를 염두에 둔 것이었다. 러시아어를 배우는 미국 학생들은 간혹 함께 있다가 자리를 뜨면서 'Имейте хороший день 좋은 하루 가져'(have a nice day)라고 하는가 하면, 엘리베이터를 타지 말라고 하면서 'использовать ступеньки 계단을 써'(use the stairs)라고 한다.17) 이런 식의 문자 그대로의 직역은 감정, 표현 위주의 발화나 명령문에서 특히 조심해야 한다. 교양 있는 한 미국 여성이 바느질을 하다 바늘에 찔려서 "shit!"이라고 소리를 질렀다면, 그것은 심하게 말해봐야 '빌어먹을!' 정도이지 일부 TV 영화의 번역에 나오는 것과 같은 저속한 욕은 아니다. 우크라이나 끼예프 중심가에서 신생 TV 채널 광고를 본 적이 있는데, 거기에는 채널을 보아 달라는 문장이 아니라 우크라이나어로 'Спостерегайте нас!' 즉 '우리를 지켜봐주세요'라 쓰여 있었다. 영어의 'watch us'를 그대로 우크라이나말로 옮겼기 때문에 빚어진 실수이다. 또한 문화와 윤리적 전통에는 차이점이 있음을 항상 기억해야 한다. 한번은 미국 형무소가 등장하는 영화를 보고, 죄수들이 사용하는 구어 어휘의 빈곤함에 적잖이 놀란 적이 있다. 죄수

---

17) 역주. 영어식 표현으로서 그대로 러시아어로 옮기면 어색하다.

한 명이 동료 죄수를 거의 죽일 뻔했는데, 죽다 살아난 이 죄수가 한 말은 "Fuck you!" 이게 다였다. 만약 유사한 일이 러시아 감방에서 벌어졌다면 어떤 말들이 오갔을지 가히 상상이 간다.

앞서 생활 표현에 대해 언급하면서 통번역사는 표현을 외우는 식으로 외국어 공부를 해서는 안 된다고 주장한 바 있다. 그러고는 이제 와서 표현의 중요성에 대해 강조하니 앞뒤가 맞지 않는다고 생각할지도 모르겠다. 그러나 결코 그렇지 않다. 생활 표현이나 일상적으로 사용되는 관용적인 표현들은 언어 중에서 가장 자주 쓰이는 어휘층이다. 그러므로 통번역사는 어휘, 문법적 결합규칙을 탄탄하게 다진 후 반드시 이러한 어휘들을 숙지하기 위한 노력을 기울여야 한다.

관용어구

이 주제를 마무리하면서, 통번역과 관련된 두 가지 중요한 점을 짚고 넘어가려 한다.

첫째, 우주스 형태는 일상어뿐만 아니라 전문용어의 특징이기도 하다. 다시 말해서 어떤 직업군의 사람들이 이유는 알 수 없지만 어느 순간부터 즐겨 사용하게 되는 단어나 표현이 있다. 만약에 누군가가 그 대신 평범한 동의어를 사용하면 너무 어색하게 들린다. 세계은행이나 국제통화기금 같은 국제기구에서 근무하는 사람들의 영어를 들어보면, 'обязательство(무엇을 하는) 약정'의 의미로 'commitment'를 항상 쓰며, 'льгота 감면'은 'incentive', 'иностранцы 외국인'은 'expatriates'라고 한다. 그렇다고 다른 단어, 예를 들어 obligation, relief, foreigner를 사용해선 안 된다는 뜻이 아니다. 써도 되지만, 그럼 왠지 고상하지 않아 보인다. 원어민이 아닌 이상 종종 이해 못할 수밖에 없다. 이것은 전문용어의 올바른 이용에 대한 문제가 아니다. 유행을 따르냐 마느냐의 문제일 뿐이다. 러시아어에도 언젠가부터 사전에는 없는 'проплатить 지불하다'[18]라는 말이 등장했다. 사람들이 그냥 그렇게 쓰고 있다. 중요한 점은 이렇게 유행하는 표현을 이해하는 것만으로도 통번역에 도움이 된다는 것이다. 더 나아가 이런 표현들을 활용할 수도 있다면 더 바랄 나위 없을 것이다.

둘째, 자주 쓰는 표현으로 굳은 어결합의 대부분은 이미 관용적인 의미를 지닌다. 이러한 어결합을 통번역할 때에는 차후 오용될 가능성을 주의해야 한다. 예를 들어보자. 러시아 연사가 "Яблоко от яблони недалеко падает(직역: 사과는 사과 옆으로 떨어진다)"라고 하자, 통역사가 비슷한 속담 'Like father, like son 부전자전'을 이용해서 상황을 모면한다. 그런데 연사가 원래 관용구에 나오는 '사과'를 이용해서 그 앞에 '벌레 먹은'이라는 수식어를 붙인다면 어떻게 해야 할까? '나쁜 아버지'와 같이 유사한 표현을 영어 관용구로 만들어서 위기를 모면할 수 있을 것이다. 하지만, 순간적으로 통역사가 당황해서 연사의 말에 이끌려 갑자기 '사과'로 통역을 하게 되면 영어 통역을 듣는 청중은 이해를 하지 못하고 어리둥절해 할 것이다. 이런 경우는 특히 조심해야 한다. 영어 문장 'Beat about the bush' 즉 '둘러말하다'[19](직역: '숲 속을 헤매이다') 로 인해 통역사가 곤욕을 치른 적이 있다. 흐루시초프 전 서기장과 미국 대통령과

---

18) 역주. 'про'는 접두사로서 'платить 지불하다' 동사와는 결합하지 않는다.
19) 역주. 상응하는 러시아어 관용어구는 'ходить вокруг да около'이며, 직역하면 '(똑바로 가지 않고) 돌아가다'가 된다.

의 대화 도중 미대통령이 서기장을 가리켜 "Beat about the bush"라고 했다. 통역사가 이것을 글자 그대로 '숲 속을 헤맨다'로 옮겼고, 그 말을 들은 흐루시초프 서기장이 노발대발하는 바람에 한바탕 소란이 있었다고 한다. 물론, 후에 통역사는 해고되었다.

널리 알려진 관용구는 사전에 숙지해야만 하며 그렇지 못한 경우라도 직역만은 피해야 한다. 좀 더 복잡한 상황을 예로 들어보자. 연사가 "We seem to beat about the bush and the bush is thick."의 경우처럼 관용 표현에 계속 자신의 말을 덧붙여 확장해 나가면 통역사는 어떻게 해서든 빠져나갈 길을 찾아야만 한다. 실제 통역을 담당했던 통역사는 "어려운 문제이기 때문에 우리가 자꾸 핵심을 피해가는 것 같습니다.[20]"라고 옮겼던 것으로 기억한다. 굳어진 표현, 특히 관용어구를 주의하자.

의미선정의 어려움

언어 단위에 의미를 부여하는 방법을 정리해 보면,

- 언어에 대한 포괄적 약속 범위 내에서 넓은 의미를 정하고, 이 때 공통의 어휘, 문법적 결합규칙을 적용한다.
- 작은 약속에 따라 개별적 의미를 더하고, 굳어진 어결합에는 특정 의미를 부여한다.

[20) 역주. 러시아어 표현은 'Мы, похоже, ходим вокруг да около, и это естественно, так как дорога трудная'이며, 직역하면 '길이 험난해서 돌아가다'가 된다.

제2장 언어, 주변 세계, 인간   63

전반적으로 크게 어려울 것 없어 보이지만, 실제로 공부를 하다 보면 겉보기와는 다르다는 것을 느끼게 된다. 유럽에서 공부를 하고, 서너 개의 언어를 자유자재로 구사했던, 우크라이나 르보프 지역의 한 언어학 교수님이 필자에게 평생 기억에 남을 말을 해주신 적이 있다. 그 교수님은 언어학도 일종의 철학이라고 생각하셨는데, 필자도 지금은 그 분의 이런 의견에 전적으로 공감한다. 하지만 당시만 해도 필자는 수량언어학을 전공하면서 '음악을 수학적으로 분석하려'[21] 애를 쓰고 있었다. 그러던 어느 날 필자의 논문을 읽은 교수님이 이렇게 말했다. "이걸 분석해 내다니 좋구만, 유익하기도 하고… 그런데 이보게, 계산할 수 없는 것, 그게 바로 언어야."[22] 그리고는 양팔을 좌우로 벌려 보였다.

이 정도에서 언어에 대한 공부를 마치고, 다음 주제인 통번역으로 넘어가 보자. 통번역사들이 생활을 꾸려가기 위해 하고 있는 바로 그 일에 대해 자세히 알아보자.

---

21) 역주. 푸쉬킨의 소설 "모차르트와 살리에리" 중 살리에리의 대사. 원문은 '하모니(harmony)를 대수(algebra)로써 계산하려'이며 감각, 느낌의 표현을 이성으로써 계산한다는 뜻이다.
22) 역주. 우크라이나어 원문 "Це добре, що ви тут підрахували і навіть корисно, але, розумієте, мова, це о!"

통번역인가 해석인가
−우리가 하고 있는 일은 무엇인가

한 언어에서 다른 언어로의 통번역이 가능한가? 통번역이 다른 언어로의 해석과 다른 점은 무엇인가? 각각의 이론은 통번역을 무엇이라 설명하는가? 통번역에서 우리가 궁금해 하는 것은 내용뿐인가 아니면 재버워크와 밴더스내치가 무엇인지에도 관심이 있는가? 영어에서 말하는 'гад'은 러시아어의 그것과 다른가?23)

---

23) 역주. '재버워크', '밴더스내치'는 본 장에서 다룰 시에 등장한다. 러시아어 'гад'는 욕설의 하나이다.

이상적인 번역

우선 몇 가지 예를 살펴보자. 첫 번째로, 영어 텍스트를 기계번역 시스템을 통해 번역하였다.24)

"Group 1 surfactants were identified as being the most promising for tertiary oil recovery since their tension ranges coincide most closely with the measured equivalent alkane carbon numbers of crude oils."

"Поверхностно-активные вещества группы 1 были идентифицированы в качестве наиболее перспективный для извлечения третичного масла (нефти), так как серии (диапазоны) их натяжений совпадали наиболее близко с числами углерода алана измеренного эквивалента неочищенных масел (нефтей)."

"표면 활성제 제 1그룹이 3차 채수에 가장 전망이 있는 것으로 확인되었다. 왜냐하면 장력 레인지가 측정된 동량의 미정제 기름 알칸탄소수에 가장 근접하기 때문이다."

두 번째는 뛰어난 풍자작가 폴랴코프의 작품에서 발췌했다.

"… 문자 그대로의 직역이라면, 지금은 완전히 자취를 감춘 고대 언어라 해도 문제없다. 간단하게 처리된다. 직역을 하면 다음과 같다.

---

24) 기계번역시스템 'СИМПАР 심파르'를 이용하였다. (참조. "인공지능 : 안내서 1권" (모스크바, 1990))

석류 같은 내 사랑스런 볼에,
둥근 달 같은 얼굴,
비단결 같은 몸,
흩뿌려진 진주 같은 말

하지만, 시를 번역할 때는 글자가 아니라 원문의 느낌에 충실해야 할 것이다.

달과도 같은 쥬흐라와 나
어두운 밤이 메꽃으로 감싸오고……"25)

위에서 보는 바와 같이 우리는 서투른 직역과 자의적 해석의 진퇴양난을 교묘히 해치며 번역을 한다. 그러면 번역을 어떻게 하는 것이 옳을까? 번역을 통해 미묘한 뉘앙스를 포함한 모든 내용을 전해야 한다고 말한다. 이런 요구를 들을 때면 오스트로프스키 (Островский Н.)의 유명한 호소문이 떠오른다. "… 살아가면서 … 고통스럽고 아파하지 않아야 할 것이며……." 번역을 하면서 내용을 전부 전달해야 한다는 요구도 이 호소만큼이나 절대적 가치를 추구한다. 그래서 그만큼 실현되기도 어렵다.

본 장에서는 완벽한 통번역이 가능한 지에 대해 생각해 보려 한다. 한 언어에서 다른 언어로 통번역이 이루어지는 과정을 분석해 보자. 이 책을 통해 추구하는 실제적인 목적의 원칙에 입각해 보면, 다양한 통번역 이론26)은 모두 두 가지 방법으로 귀착된다. 변환법

---

25) 폴랴코프(Поляков Ю. М.), "우유 속 새끼염소" (모스크바, 1997)
  역주. 사실 시인은 쥬흐라가 누군지 모르며, 배경이 되는 지역에는 메꽃이 자라지 않는다.
26) 카미사로프 V. N.(Комиссаров В. Н.), "통번역 언어학" (모스크바, 1981), 레츠케

과 구상법이다. 이렇게 정리를 하고 나니 앞으로의 과제 해결이 조금은 수월해질 듯싶다.

변환(transformational)법이란

변환법에 따르면 통번역은 한 언어의 대상 및 구조를 일정한 규칙에 의거하여 다른 언어의 대상 및 구조로 바꾸는 작업이다. 이때, 언어의 여러 차원에서 대상과 구조가 전환된다(형태적, 어휘적, 통사적 차원).

어휘적인 면을 보자. 우리는 출발어의 단어, 어결합을 도착어에 맞게 바꾼다.27) 일정한 규칙 아니, 대응하는 단어를 모아놓은 목록에 따라 한 단어를 다른 단어로 교체한다. 목록의 일부는 기억 속에, 나머지 대부분은 사전이나 문법책에 적혀있다. 그러나 단어가 어결합의 한 부분일 경우, 단독으로 쓰일 때와 다르게 전환될 수 있음을 잊어서는 안 된다. 어결합은 그 자체로 작은 맥락이며, 맥락은 단어의 의미를 변화시키고 다른 언어의 동의어 선정에 영향을 미친다. 이렇게 소위 맥락의 지배 하에 변환이 행해진다. 다시 말하지만 변환이 어휘적 차원에서만 일어나는 것은 아니다. 어휘적 변환의 예를 들어볼까? 'book'이란 영단어 하나를 변환시킨다고 하면 명사 '책'과 동사 '예약하다', '확보하다', '예비로 두다' 등이 당연히 선택될

르(Рецкер Я. И.), "통번역 이론 및 실습" (모스크바, 1974), "외국 언어학의 통번역 이론에 대하여" (모스크바, 1978) 등 참조.

27) 역주. 출발어(source language)는 원문의 언어이며 도착어(target language)는 통번역이 되어진 언어이다. 예를 들어, 영한번역의 경우 영어가 출발어, 한국어가 도착어이다.

것이다. 그리고 'book'이 포함된 어결합 중 대다수는 이미 언급한 동의어를 이용하여 옮기게 될 것이다. 예를 들어, 'interesting book 재미있는 책', 'book tickets 표를 예약하다' 등. 그러나 'book value'와 같은 어결합을 전환할 경우 'book'의 우리말 동의어와는 전혀 관계없는 새로운 동의어 '장부 가격'이 만들어진다. 바로 이것이 변환법의 문제점 중 하나이다. 전환을 통한 번역 시, 고정 어결합과 단지 문법적으로 결합된 표현을 구분하고, 이를 고려하여 변환을 해야 한다. 그렇지만 고정 어결합을 분리해내는 신뢰할 수 있는 정식 방법은 아직 발견하지 못했다. 다시 말해서 전환법 의존도가 높은 기계번역 시스템은 어결합 'book value'에서 'book'과 'value' 사이의 긴밀한 관계를 눈치 채지 못한다. 'book store 책방' 등의 어결합과 무엇이 다른지 도무지 알 수 없는 것이다. 반면 인간은 복잡한 의미 분석에 기반하여 이와 같은 어결합을 구별해낸다. 그리고 자신의 기억에 저장되어 있거나 사전에 들어있는 적당한 동의어를 찾아낸다.

통사적 차원에서도, 통번역 과정을 거치면서 출발어의 통사 구조가 도착어의 대응하는 구조로 변환된다. 러시아어와 영어의 미래 시제 구조가 어떻게 대응되는지 살펴보자. '러시아어 보조동사 인칭형 быть+본동사 미정형'이 '영어의 보조동사 인칭형 to be+본동사 미정형'으로 전환된다. 통번역을 할 때 이루어지는 통사적 전환에 대한 예는 영어를 비롯한 여느 외국어 문법책에 자세히 나와 있다.

형태적인 면에서도 전환이 나타난다. 가장 확실한 예로 조어 모델을 들 수 있다. 영어의 동명사 조어모델 '동사 어근+접미사 -tion(-sion)'은 러시아어 모델 '동사 어근+접미사 -ание(-ение)'로 변환된다(예를 들어, rota-tion-вращ-ение). 그렇지만 통번역 과정에서의 변환이 반드시 언어의 한 가지 면에 국한되는 것은 아니다. 실제로 영어의 통사 구조 'have(has)+과거분사'는 러시아어로 전환되면서 형태적 차원에서 동사에 접두사 'c-, на-, про-'가 더해진다(예를 들어, has done-сделал, have drawn-начертили, has read-прочитал[28])).

변환(transformational)법을 이용한 번역 사례

번역의 변환법은 암호책을 가지고 암호문을 해독하는 것과 비슷하다 할 수 있다. 여기서 암호책의 역할은 문법책에 담긴 해독 규칙 모음이나 사전이 맡게 된다. 실험을 하나 해보자. 그린의 소설 '브라이턴록'의 일부를 발췌하여 변환법을 이용하여 번역해 보자. 즉 사전과 영어, 러시아어의 어휘·문법적 결합규칙만 참고해야 한다. 암호를 해독하는 방식에 의거, 한 단어를 해결하고 나서 다음 단어로 넘어가자.

"The Boy stood with his back to Spicer staring out across the dark wash of sea. They had the end of the pier to themselves ; everyone else at that hour and in that weather was in the concert hall".[29]

대응어 선정 및 문법적 일치를 위해 러시아어 어휘, 문법 결합규칙을 이용하면서, 순차적으로 어휘적, 통사적 전환을 하도록 하자.

the : 정관사, 옮기지 않거나 '그'로 옮김

---

28) 역주. 접두사 'c-, на-, про-'를 확인할 수 있다.
29) Greene G.(그린) Brighton Rock. - Penguin Books.

Boy : 소년, 청년, 초·중·고등학생, 젊은이 (본문에 대문자로 표시되었음, 즉 누군가의 이름, 별명 혹은 예명일 수 있음)
stood : 서 있다 (영어의 단순과거시제를 대응하는 러시아어 구조로 통사적 전환)
with : ~와 함께, ~ 때문에, ~(사람)의 몸에 지니고, ~와 함께, 지배 받는 단어의 조격 (지배 받는 명사의 의미를 고려하여, 조격을 선택)
his : 그의, 자신의, 옮기지 않음 (러시아 문체론 규칙에 따라 이런 식의 결합에서는 소유대명사를 사용하지 않으므로 번역하지 않음)
back : 등, 뒤에, 지지하다 (소유대명사를 고려하여 등가어 '등' 선택)
to : ~로, ~까지 (결합 규칙에 따라 '~로' 선택)
Spicer : 스파이서 (이름)
staring out : 뚫어지게 바라보며 (고정 어결합)
across : 건너서, 가로질러 ('밀려오는 파도'와의 결합을 고려하여 등가어 '를' 선택)
the : 정관사, 옮기지 않거나 '그'로 옮김
dark : 어두운
wash : 세척, 세탁, 파도가 밀려옴 (상황을 고려하여 '파도가 밀려옴' 선택)
of : 지배 받는 명사의 생격, 옮기지 않음
sea : 바다 (여기서는 '바다의')
wash of sea : 굳어진 어결합 '밀려오는 파도'로 옮김
they had ... to themselves : 독점하다 (고정 어결합)
the : 정관사, 옮기지 않거나 '그'로 옮김
end : 끝 (가장자리)
of : 지배 받는 명사의 생격, 옮기지 않음
the : 정관사, 옮기지 않거나 '그'로 옮김
pier : 부두, 방파제 (여기서는 '부두의, 방파제의')

제3장 통번역인가 해석인가   73

everyone : 모든 사람
else : 제외한
at : ~에, ~할 때에 ('~에' 선택)
that : 그런
hour : 시간
and : 그리고
in : ~에
that : 그런
weather : 날씨30)
was : 있었다.31)
in : ~에
the : 정관사, 옮기지 않거나 '그'로 옮김
concert hall : 연주회장32)

  마지막으로, 단어의 성, 수, 격을 맞추고 러시아어의 문법적 일치와 격지배 규칙을 고려하여 단어의 자리를 바꾸고 나니 다음과 같은 번역이 완성되었다.

  "(Этот) Мальчик (парень, школьник, молодой человек) стоял спиной к Спайсеру, пристально глядя на темный морской прибой. (Этот) край пирса (мола) был в их полном распоряжении ; все кроме (них) в тот час и в ту погоду были в концертном зале".

  "(그) 소년(청년, 초·중·고등학생, 젊은이)은 스파이서에 등지고 서서 어두운 파도가 밀려오는 모습을 뚫어지게 바라보았다. (그) 부

---

30) 역주. 러시아어에서는 'погоду'로 대격이 쓰임
31) 역주. 러시아어에서는 주어와의 문법적 일치를 위해 동사의 복수형 'были' 선택
32) 역주. 러시아어에서는 'концертный зал'로 한정사 어결합

두(방파제) 끝은 그들이 독점하였다. 그들을 제외한 모든 사람은 그런 시간, 그런 날씨에 연주회장에 있었다."

변환법을 이용하여 이렇게 그럴 듯한 번역을 할 수 있다. 하지만 몇 가지 해결 못한 문제가 남은 것도 사실이다.

- 소년, 청년, 학생, 젊은이 중 누가 서 있는가?
- 그 소년(청년, 학생 등등)인가, 아니면 단순히 그냥 소년인가?
- 그 부두 끝인가, 아니면 단순히 그냥 부두 끝인가?
- 부두인가 방파제인가?
- 밤 시간 물결이 바다보다 환할 터인데 어째서 어두운 파도인가?

변환법으로는 완벽한 번역을 할 수 없다는 것인가? 애매한 부분을 분명히 하기에 변환법으로는 부족한 점이 대체 무엇인가? 질문에 답하기에 앞서, 다른 번역사들이 이 글을 어떻게 옮겼는지 살펴보자. 그린 모음집 <영국이 나를 낳았다 England made me, 브라이턴록 Brighton Rock> 중 일부이다(<브라이턴록>, 페트로바(Петрова Е.), 테테레브니코바(Тетеревникова А.) 역).

"아이는 스파이서에 등지고 서서 **멀리 밀려와 부서지는** 짙은 물결을 응시했다. **방파제** 끝에는 그들뿐이었다. 이 시간, 이런 날씨에 사람들은 연주회장에 있었다."

'어두운 파도'를 다른 표현으로 대체한 것은 작가의 판단이라 결론짓고, 진하게 표시된 부분의 차이점만 짚어보자. 우리가 한 번역에 비해 확실히 명쾌하며, 고민했던 문제를 거의 다 해결했다. 그러나 이들이 뭔가 새로운 접근법을 사용한 것은 아니다. 훨씬 넓은 범위의 맥락을 파악했기에 가능했던 것이다(이전에 번역된 작품을 통해 주인공을 아이로 칭한다는 것과 배경이 부두가 아닌 방파제란 사실을 알고 있었다). 그런데 계속 비교하다 보면 이들이 실제로 변환법 외에 무언가를 더 이용했음을 알아챌 수 있다. 원문의 단어, 어결합의 전환으로는 생겨날 수 없는, 땅에서 솟아난 단어 '멀리', '부서지는'이 추측을 뒷받침한다.

구상(denotative)법이란

위의 번역에서 변환법과 함께 사용된 방법을 **구상법**이라 부른다. 두 번째로 널리 알려진, 통번역 과정의 이론적 해석법이다. 이에 따르면 통번역은 다음과 같은 3단계 과정에 의해 이루어진다.

- 출발어의 메시지를 파악
- 메시지에 대한 사고의 형상(개념)을 떠올림
- 도착어를 이용하여 형상을 설명

변환법과는 달리, 구상법은 두 가지 언어의 단어, 어결합을 직접 연결하지 않는다. 구상법에서는 출발어 메시지를 전달하기 위한 도착어의 선택이 자유롭다. 변환법과 구상법을 이용한 번역 과정 체계는 그림 3을 참조하기 바란다. 구상법이라는 명칭은, 우리에게 무엇이라고 불리는 대상 그 자체 다시 말해 그 대상의 실제적 모습을 가리킨다는 의미에서 붙여졌다. 그리고 그 대상은 출발어와 도착어 모두와 상관관계를 갖는다. 관용구 번역을 생각하면 금방 이해가 될 것이다. 아래 번역을 보면 원문과 번역물 사이에 직접적인 관계가 전혀 없다. 단지 공통의 의미로만 묶여 있다.

- 'A stitch in time saves nine'
  '호미로 막을 것을 가래로 막는다.'[33]
- 'There is many a slip between the cup and the lip'
  '방심은 금물'[34]
- 'Out of sight, out of mind'
  '눈에서 멀어지면 마음도 멀어진다.'[35]

앞 장에서 다루었던 표현을 보아도 원문과 번역물은 직접적으로 연결되지 않는다.

- 'Mind your step!'
  '조심해, 넘어질라!'[36]
- 'Enjoy your meal!'
  '맛있게 먹어!'[37]

한 언어의 형태에서 다른 언어의 형태로 전환하는 변환법에 의한 통번역과 구별하여, 구상법을 적용한 경우를 해석이라 일컫기도 한다. 독자나 청자에게 해당 내용을 반드시 설명해 주어야 한다는

---

[33] 역주. 'Хороша ложка к обеду'.
[34] 역주. 'Не говори 'гоп!', не перепрыгнув'.
[35] 역주. 'С глаз долой, из сердца вон'.
[36] 역주. 'Осторожно, не споткнитесь!'
[37] 역주. 'Приятного аппетита!'

필요성에 의해 우리는 구상법에 자주 의존한다. 예를 들어보자. 'You must show your commitment' – '(프로젝트 등에) 참여할 용의가 있음을 보여주셔야 합니다.' 만약 변환법을 이용하였다면 'commitment'에 대응되는 적당한 동의어(commitment – 위임, 인도, 투옥, 약정, (범죄 등의) 수행)를 찾지 못했을 것이다. 서로 다른 언어를 사용하는 사람들의 생활 및 사고방식이 다르기 때문에 통번역사는 구상법에 매달려 개념을 해석하고 설명해야만 한다. 구소련이 막을 내린 이후 이러한 새로운 개념이 많이 생겨났으며 지금도 진행 중이다. 발음을 그대로 따온 덕에 번역에 부담을 주지 않는 용어나 사이비 용어가 많은 편이다. '리메이크', '팬', '부티크' 등을 예로 들 수 있다. 그러나 한편 'integrated', 'counterproductive'와 같이 대상의 성질을 평가하는 새로운 개념도 있다. 이 경우, 거의 매번 맥락이나 상황에 맞추어 해석해야만 한다. 이 문제는 나중에 다시 생각해 보기로 하자.

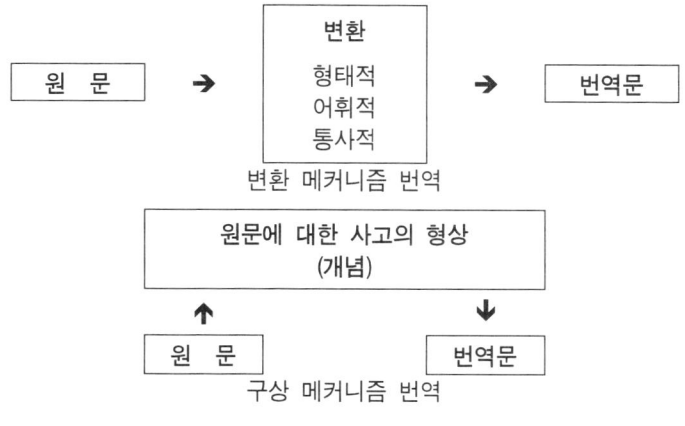

그림 3

변환법과 구상법의 선택

이쯤에서 당연히 떠올랐을 법한 의문이 있다. 우리는 어떻게 번역을 하고 있고, 두 가지 이론 중 어떤 쪽이 바람직한가? 그 동안의 번역 경험을 돌이켜보면 그 답을 분명히 알 수 있을 것이다. 두 가지 모두 어느 정도 옳은 것이며, 우리는 번역을 하면서 양쪽을 다 이용한다. 변환에서부터 도착어를 이용한 해석에 이르는 길을 카미사로프[38])가 아주 명쾌하게 정리해 놓았다. 카미사로프는 이른바 통번역에서 구현되는 등가성 단계를 5가지로 나누었다.

앞에 2가지는 단어 및 어결합 단계, 문장 단계로 언어간에 이루어지는 변환과 관련되었고 나머지는 맥락, 상황, 배경지식에 기초하여 원문의 의미를 매우 자유롭게 해석하는 단계이다. 그러나 실전에서 이런 식으로 단계를 정확히 구분하는 일은 흔치 않다. 통번역에는 보통 두 가지 접근법이 혼합되어 사용된다. 어느 쪽 위주로 하느냐는 통번역 상황 및 종류, 장르를 고려하여 결정한다. 물론 통번역사 자신의 수준과도 긴밀한 상관관계가 있다.

우선 방법 선택 시 인적 요인의 역할을 살펴보자. '공훈' 가수들이 그렇게 역설함에도 불구하고 사람들은 대개 상당히 게으르며 가능하면 부딪칠 일이 없는 쪽을 선택하려 한다. 그러려면 변환법을 택하는 것이 편하다. 변환 메커니즘에 따라 번역을 하면 정신적 노동이 덜 필요하다. 그래서 번역사들은 보통 이 방법을 선호한다. 문제가 되는 단어나 문법 구조에 맞닥뜨려 어순을 변경하거나 다른 말로 바꾸거나 아예 전환법을 포기하고 원문 내용을 해석하는 구상법을 적용하지 않는 한, 한 단어씩 차례대로 번역한다. 앞에서 언급

---

38) 카미사로프 V. N.(Комиссаров В. Н.), "통번역에 대해" (모스크바, 1973)

했던 '브라이턴록'에서 한 부분을 예로 들어보자.

"The banister shook under his hand, and when he opened the door and **found the mob there, sitting on his brass bedstead smoking, he said furiously**..."

"Перила шатались под его рукой, и, когда он открыл дверь и **увидел, что все ребята здесь и курят, сидя на его медной кровати, он гневно крикнул**..."

"그의 손 밑에 난간이 흔들렸다. 문을 열어 그 일당들이 자기의 놋쇠 침대에 걸터앉아 담배 피우는 모습을 보자 그는 격분하여 소리쳤다……."

진하게 표시된 부분에 이르기 전까진 한 단어씩 즉 변환법을 이용하였음이 분명하다. 그리고 'found the mob… sitting… smoking'에 부딪치자 구상법에 의존하였다(이것이 복잡한 통사적 전환의 일종이 아니라는 점에 대해선 조금 후에 이야기하기로 한다).

사실, 문학작품 번역은 고민하고 해석할 시간이 충분한 편이다. 그렇지만 텍스트를 변환하는 것이 더 간단하고, 변환법을 통해 꽤 괜찮은 결과가 나오는 경우가 많기 때문에 이 쪽을 선택한다. '과욕은 금물 от добра добра не ищут'이라는 말도 있지 않은가. 그러나 동시통역을 할 때는 해석할 시간이 절대적으로 부족한 탓에 보통 변환 메커니즘을 따른다. 하는 수 없이 문장의 매끄러움을 포기해야 하는 경우가 많다. 순차통역을 하면서는 내용을 기억해야 하고 몇 개의 문장을 한 번에 통역해야 한다. 그렇기 때문에 구상법 즉 해석 위주가 된다. 원문 구조를 그대로 옮기는 경우는 거의 없다.

원문의 장르도 방법 선택에 당연히 영향을 미친다. 일반적으로 문학작품 특히 시의 경우 구상법이 주로 쓰인다. 내용 전달도 중요하지만 그보다는 적합한 형상을 창조하고 독자들에게서 적당한 감정, 연상을 불러일으키는 것이 이들 번역의 목적이기 때문이다. 또한 이러한 목적을 달성하기 위해 취해야 하는 수단은 언어마다 다르다. 이 문제는 나중에 다루기로 하자. 하지만 주제가 과학기술일 경우 상황은 180도 달라진다. 정확한 내용 전달이 중요해지므로 자연히 변환법이 우선시된다.

변환법과 구상법의 차이점

두 가지 방법의 차이점에 대해 살펴보자. 시의 일부를 발췌하였다. 시에 적용되는 구상법적 번역 즉 자유로운 해석을 전환이라고 볼 수는 없는가? 다른 언어에서 대응할 만한 구조를 찾은 것으로 분석할 수는 없는가? 사실 그렇게 생각할 수도 있다. 그러나 설령 그럴지라도 두 가지 결정적인 차이점이 있다.

첫째, 횟수상의 문제이다.

- 변환은 반복해서 일어난다. 보편적이라고 말할 수 있다.
- 구상법적 해석에 기초한 번역상 대응은 특정 경우에만 이루어진다. 특수성을 띤다 하겠다.

What'er I be, old England is my dam!
So there's my answer to the judges, clear.

I'm nothing of a fox, nor of a lamb;
I don't know how to bleat nor how to leer;
I'm for the nation!
That's why you see me by the wayside here,
Returning home from transportation[39].

Отвечу судьям ясно:край родной,
Где б ни был я, душе моей оплот.
Овечкой блеять и вилять лисой
Не стану я. Мне дорог мой народ.
По этой лишь причине
Из Англии я изгнан был, но вот
Домой я возвращаюсь ныне.

나 어디에 있건 조국 잉글랜드가 나를 지키니
재판장에게 분명히 말할테요.
양처럼 푸념치도
여우처럼 속이지도 않을 것이요
민족만이 내겐 중하니
나를 버린 그 곳으로
나 지금 되돌아가리다.

   위에서 찾을 수 있는 원문과 번역물 사이의 대응은 특수한 것으로서 오로지 이 경우에만 가능하다. 반면 'Good morning-좋은 아침', 'come in-들어와요', 'open the window-창문 열어요' 등은 보편성을 띠고 있어 거의 모든 상황에 사용할 수 있다.

---

39) "러시아어로 읽는 영국의 시" (모스크바, 1981) 중 메러디스(Meredith G.), "백발의 차아티스트(인민헌장운동가) The Old Chartist", 바실리예바(Васильева В. Е.) 역.

그런데 실제로 반복해서 이용되는 관용구나 생활 표현의 번역도 구상법으로 분류한다. 왜냐하면 하나의, 분리될 수 없는 사고의 형상(개념)을 표현하기 때문이다. 이것이 두 번째 차이점이다. 대상의 변환적 대응물은 구성요소로 나눌 수 있으나(예를 들어, 'good morning' = 'good 좋은' + 'morning 아침'; 'open the window' = 'open 열어요' + 'window 창문'), 구상법에 기초한 경우 분리가 불가능하다. 그 동안 인용했던 시의 한 부분이나 'Staff only 관계자 외 출입 금지' 같은 표현을 뽑아서, 각각의 단어를 대응시켜 보고 그 대응이 맞는지 살펴보면 분리가 불가능하다는 것을 쉽게 확인할 수 있다. 단독으로 쓰인 단어 'transportation'을 '버리다'로 번역하겠는가. 단어 'staff'에 '관계자 외'란 뜻이 있는가. '출입', '금지'도 마찬가지다. 앞서 언급한 '브라이턴록'의 번역을 떠올려보자. 'found the mob ... sitting ... smoking' - '그 일당들이 자기의 놋쇠 침대에 걸터앉아 담배 피우는 모습을 보자' 이 경우도 대응의 비분리성, 특수성으로 인해 변환법이 될 수 없다. '일당들'을 'mob'의 보편적인 동의어로 취급할 수는 없다.

물론 시 번역에도 따로따로 분리될 수 있는 보편적인 대응이 존재한다. 그러나 그렇다고 원문과 해석된 번역물이 갖는 사고의 형상이, 통합된 전체가 아니며 특정한 경우를 위해 만들어진 것이 아니라고 할 수는 없다. 그림 4를 보면 두 번째 차이점을 이해하는데 도움이 될 것이다. 변환법은 절차(계산)상 명료하므로 번역을 다시 원문의 언어로 옮기기 쉽다. 반면 구상 메커니즘을 이용한 번역 'The Arabian Nights'를 되돌릴 경우 '아랍의 밤' 혹은 '아라비아의 밤'이라고 하게 되지 '천일야화'로 풀어가지는 않는다.

변환법을 이용한 통번역

The book describes the experimental methods that are most feasible for studying the properties of these products.
이 책은 실험 방법을 기술한다. 그것은 이 제품의 특성 연구에 가장 적합하다.

개별적 변환/대응		개별적 개념
The book	이 책	책
Describes	기술한다	기술하다
Experimental	실험	실험의
the methods	방법	방법
That	그것은	–
Most	가장	가장
are feasible	적합하다	적합하다
for	~에	–
Studying	연구	연구
the properties	특성	특성
of	~의	–
These	이	–
Products	제품	제품

구상법을 이용한 통번역

The Arabian Nights 천일야화

통합적 대응	통합적 개념
The Arabian Nights – 천일야화	믿기지 않는, 환상적인 이야기

커뮤니케이션 행위

필자는 변환 및 구상 메커니즘이 보여주는 통번역 과정이 충분히 설득력 있다고 여긴다. 그렇지만 다른 과제를 해결하기 위해 즉 누구나 통번역을 할 수 있는지, 통번역사의 지식이 실제 통번역에 어떤 영향을 미치는지 설명하기 위해, 이제부터는 통번역을 커뮤니케이션의 특정한 형태로 규정지으려 한다.

카데는 자신의 저서 <통번역의 커뮤니케이션 이론>에서 통번역을 특별한 커뮤니케이션 행위로 바라본다.[40] 본 이론에 따르면 출발어로 된 메시지를 보내는 사람은 대상에 대한 지식 시스템과 메시지 작성 언어에 대한 지식 시스템을 동원하여 메시지에 의미를 부여한다. 이 지식 시스템을 보통 시소러스라 부른다. 즉 발신자는 자신의 대상, 언어 시소러스를 이용하여 메시지를 보낸다. 이 메시지를 통번역사가 받아서 해독하고 난 뒤, 자신만의 대상, 언어 시소러스를 참고하여 도착어로 메시지를 만든다. 이 때 통번역사의 언어 시소러스는 두 부분 즉 출발어와 도착어로 이루어진다. 그리고 나서 메시지는 통번역사로부터 미리 정해져 있던 수신자에게 전해진다. 수신자도 자신의 대상, 언어 시소러스의 도움을 받아 메시지를 해석한다(그림 5 참조).

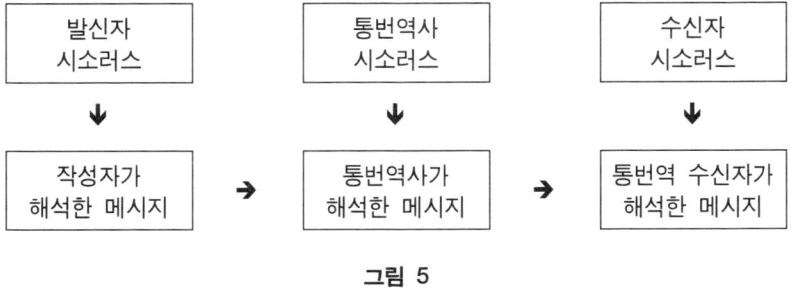

그림 5

---

40) 참조. "외국 언어학의 통번역 이론에 대하여" (모스크바, 1978) 중 카데(Каде О.), "커뮤니케이션의 견지에서 본 통번역의 문제", 독어 원문 번역.

시소러스의 불일치

통번역 과정을 이해하기 위해서는 메시지 발신자, 통번역사, 수신자의 시소러스가 결코 완전히 일치하지 않는다는 점을 염두에 두어야 한다. 커뮤니케이션 연결 고리 중 메시지의 통번역, 즉 재코드화 과정에서 정보 손실이 가장 심하게 발생한다. 어느 정도는 두 개의 언어를 완벽히 소화하지 못하는 통번역사의 책임이다. 그러나 그 외의 요인도 있다. 언어마다 메시지의 문자화 방법과 수신자의 이해가 다르기 때문에 의미 손실이나 불일치가 발생하는 것이다. 영단어 'commitment'를 가지고 이 문제에 대해 설명한 바 있다. 대부분 맥락에서 독자나 청자는 러시아어 직역을 이해하지 못하고 추가 설명을 필요로 한다. 즉 러시아어에서 이 개념은 영어와는 다르게 문자화되어야 한다. 한 가지 예를 더 들어보겠다. 우리가 어떻게 살아가야 할지를 제시하는 여러 세미나에서 미국인들은 회사나 프로젝트 활동을 평가하면서 소위 SWAT 분석을 이용하기를 즐긴다(SWAT – Strengths, Weaknesses, Achievements, Threats). 통번역사는 이 약어를 보통 '강점, 약점, 성과, 활동 위험 요인'으로 옮긴다. 언젠가 동시통역 중에 한 통역사가 'threats'를 그냥 '위협'으로 직역했다. 세미나에 참석한 그루지야 분이 나중에 필자에게 다가와 물었다. "저기 말이지, '위협'이란 게 범죄조직과 관련된 게 맞나?" 어째서 동일한 맥락인데 'achievements'는 '성과'로 직역할 수 있고 'threats'은 '위협'이라고 하면 안 되는 것인가? 그 이유는 이렇다. 해당 맥락에서 이 개념을 가리키려면 다른 러시아어 표현을 써야 한다. 위의 경우 딱 들어맞는 말이 아니었다고 할까. 익숙하지 않은 말을 들었을 때 제대로 이해 못하는 사람은 비단 그루지야 참석자만이 아닐 것이다. 이와 같이 통번역에서 일어나는 실수는 시소러스의 불일치 탓인 경우가 많으며, 원문 의미의 뉘앙스를 100% 전달하는 **통번역이 불가능하다는** 안타까운 사실도 이 때문이다.

  이러한 실수의 본질적인 면에 대해 알아보자. 통번역상 실수에는 두 가지 원인이 있다. 언어 지식의 부족함과 통번역 대상에 대한 이해의 불충분함이다(언어, 대상 혹은 양쪽 시소러스 전부가 완전치 못함). 별 것 아닌 문제나 새내기 통번역사들이 범하는 실수에 대해 깊이 다룰 필요는 없을 듯 하다. 차차 경험을 쌓게 되면 해결될 일이기 때문이다. 잘못된 시제 선택, 부적절한 관사 사용, 관용구에 대한 이해 부족 등을 예로 들 수 있다. 두 가지 경우만 살펴보자. 언젠가 먼 외국에서 일어난 일이다. 러시아 군사 고문이 해당국 장군에게 X지점 군장비 공급 지연에 관해 불만을 토로하면서 이렇게 말했다. "Хороша ложка к обеду[41] 호미로 막을 것을 가래로 막게 될 겁니다!" 그런데 통역사가 깊이 생각하지 않은 채 그냥 변환하여 통역하였다. "A spoon is good for diner." 친절한 장군은 그 말을 듣고 동양의 손님접대 풍습에 따라 그 자리에서 고문을 점심 식사에 초대했다. 결과적으로는 모두가 만족했고 통역사도 상황을 무사히 빠져나갈 수 있었다. 그러나 이 경우 두 가지 시소러스가 완벽하지 못했다. 통역사의 언어 시소러스와 통역 수신인인 장군의 대상 시소러스에 문제가 있었다. 통역사는 관용구를 이해하지 못했으며, 장군은 구체적인 통역을 다시 부탁하는 대신 나름대로 결론을 내렸다. 아마 이렇게 생각했을 것이다. '러시아는 정말 수수께끼 같은 나라군. 거기서는 점심 먹자는 얘기를 이런 식으로 돌려서 하나보지.' 두 번째 예는 공급 계획표의 노영 번역에 대한 것이다. 계

---

[41] 역주. 직역하면 '점심 식사엔 스푼이 좋지요!'

획표에는 기중기를 공급해야 하는 마감 시한이 적혀 있었다. 번역사가 부정관사를(a crane) 사용하자, '약은 자본주의자'들이 너무도 작은 권양기를 보내왔다. 사실 기중기는 가장 조그만 부품까지도 수 톤에 달하는 대규모 설비의 수리를 위한 것이었다. 물론, 결과적으로 그 회사에서 필요로 했던 기중기를 공급하기는 했다. 일부 비용을 러시아 측에서 대야 했지만 말이다. 공급 계획표는 계약서의 주요 항목이었고 계약서는 양측이 합의하여 서명한 것이었으며 영어와 러시아어본은 동일한 법적 효력을 지녔다. 대체 번역사가 한 실수는 무엇인가? 어떤 시소러스가 부족했는가? 대상 쪽이라고 생각한다. 번역사는 계획표가 계약서의 일부이며 그 문제의 기중기에 대해 이미 여러 번 언급된 사실을 상기했어야 했다. 번역사의 경험이 부족했다. 노련한 번역사라면 확실히 하기 위해서라도 정관사를 썼을 것이다. 최악의 경우 번역사에게 이렇게 물어볼지도 모른다. "번역에 있는 구체적인 기중기가 대체 뭡니까? 우리는 아무거나 괜찮은 거 아닙니까?" 그러면 사과하고 끝내면 그만이다. 어쨌든 관사 때문에 수천 달러를 쓸데없이 물어야 할 필요는 없었을 것이다.

지역색이 강한 표현

통번역사는 정말로 힘든 직업이다. 통번역을 하면서 생겨나는 불일치 중에는 필자가 불가피하다고 인정하는 것도 있다. 이에 대해 자세히 살펴보자. 영어의 관사로부터 시작하자. 유일무이한 대상, 동일 명사의 반복 이용 등 교과서적인 경우를 제외하면, 관사와 관련된 설명은 마치 어려운 철학책을 읽는 듯한 느낌을 준다. 훌륭한 통번역사들조차 그렇게 생각한다고 털어놓는다. 영어의 정관사와 대응되는 러시아어 표현이 무엇인지 도무지 알 길이 없다. 언어학자에게도 도움을 청해 보았고 문학 작품에서 답을 구해보려고도 했지만 모두 헛수고였다. 정관사, 부정관사 범주에 대한 밑도 끝도 없는 긴 설명 외에 어떠한 것도 알아낼 수 없었다. 필자가 원하는 것은 바로 이것이다. 영어 정관사를 틀리게 쓰면 러시아어로 어떤 뜻, 어떤 표현이 되는가? 다시 말해, 문법 혹은 문체에 있어 무엇을 틀린 것인가? 예를 들어, 독어나 프랑스어의 관사를 제대로 쓰지 못할 경우 러시아어의 성 및 격의 문법적 일치가 어긋난 꼴이 된다. 'один большая друг русское народом'[42]와 같이 말하는 셈이다. 그러면 영어의 관사를 잘못 이용하면 어떻게 되는가? 어떤 통번역 이론서[43]를 보면 영어 관사를 도치와 연관시킨다. 말하자면 이런 식이다. 'Вошел человек' – 'A man came in', 'Человек вошел' – 'The man came in'[44] 그러나 저자도 이것이 결코 일반적인 경우는 아니라고 덧붙였다. 존 레 카레의 저서를 보면 '관사가 필요 없는 프롤레타리아식 말하기'란 내용이 있다. 프롤레타리아식 말하기는 교육 수준이 낮은 사람들의 언어 습관을 가리킨다. 이것을 풀어서 생각해 보면, 교육을 제대로 받은 사람들의 대화라면 관사가 중요한 역할을 한다는 뜻이다. 그런데 유감스럽게도 우리 통번역사들은 관사의 그러한 역할을 제대로 파악하지 못하고 있다. 그러므로 러시아어에서 영어로, 그리고 그 반대로 통번역을 할 때 부정확할 수밖에 없다(러시아어로 통번역할 때 관사를 무시하곤 하는데, 그러면서

---

42) 역주. 러시아어의 형용사와 명사는 서로 간에 성, 수, 격이 일치해야 한다.
43) 페도로프(Федоров А. В.), "일반 통번역 이론의 기초" (모스크바, 1968)
44) 역주. 러시아어로 'человек'은 일반명사 '사람'을 뜻하며, 'вошел'은 '들어가다'의 과거형이다.

어떻게 그 역할과 의미를 충분히 전달할 수 있겠는가!)

어떤 언어든지 동일한 내용을 비슷한 수준에서 표현해낼 수 있다고는 하지만, 관사와 같이 지역색이 강한 언어 수단을 그것이 아예 존재하지 않는 언어로써 완벽하게 재현할 수는 없을 듯싶다. 러시아어로 'вы 여러분, 너희들, 당신', 'ты 너'를 뜻하는 영어의 'you'도 유사한 문제를 일으킨다. 영국에서는 강아지에게도 'вы 당신'이라고 한다. 물론 'ты 너'라고도 부른다. 대체 어떻게 구별해야 하나? 통번역을 하면서는 보통 상황을 참고하여 호칭을 결정한다. 대상이 어린아이인지 친구 혹은 동료인지 살핀다. 그런데 문제는 필자만 해도 벌써 20여 년을 알고 지내는 동료와 여전히 존칭을 사용한다는 것이다. 아무래도 우리는 영국인하고는 거리가 먼 것 같다.

정리해 보면, 정관사와 대명사 'you'에 대한 대상 및 언어 시소러스가 충분하지 못한 탓에 원문의 내용을 정확히 전하지 못하거나 오역을 하게 되는 것이다. 그러나 이 정도는 시작에 불과하다.

연상 시소러스

문학 작품을 한 번 생각해 보자. 단어, 어결합, 그 외 각각의 소리와 글자까지, 이 모든 것이 언어 사용자의 인식 속에서 특정한 의미를 지니고 연상 작용을 일으키면서 번역 작업이 더욱 복잡해진다. 이 정도가 되면 정확히 번역하는 것이 불가능하지 않을까 싶다. 저자와 번역사의 연상 시소러스의 차이점은 예를 들어 설명하는 편이 낫겠다. 내용이 거의 없는 텍스트로 준비했다. <거울 나라의 앨리스> 중 사행시 두 편이다.

Twas brillig, and the slithy toves
Did gyre and gimble in the wabe;
All mimsy were the borogoves
And the mome raths outgrabe.

Beware the Jabberwock, my son!
The jaws that bite, the claws that catch!
Beware the Jubjub bird and shun
The frumious Bundersnatch!

Варкалось. Хливкие шорьки
Пырялись по наве,
И хрюкотали зелюки,
Как мюмзики в мове.

О бойся Ъармаглота, сын!
Он так свиреп и дик,
А в глуще рымит исполин —
Злопастный Ърандашмыг!⁴⁵⁾

오후의 끝자락, 나긋하고 부지런한 토우브들은
언덕 가장자리에서 땅을 파헤치며 구멍을 뚫고 있었지.
불안한 버로고우브들과,
집 나온 녹색 돼지들은 콧소리 내며 끽끽거렸네.

아들아, 재버워크를 조심하거라!

---

45) "러시아어로 읽는 영국의 시" (모스크바, 1981) 중 캐럴(Carroll L.), "거울 나라의 엘리스 Through the Looking - Glass, and What Alice Found There", 오를로프스카야(Орловская Д. Г.) 역.
역주. 루이스 캐럴은 넌센스 시의 작가로 유명하다. 이 시 "JABBERWOCKY"에는 작가가 만든 새로운 단어가 다수 등장해 해석이 어렵다.

이빨로 물고, 발톱으로 나꿔챈단다!
주브주브 새를 조심해라,
무섭고 오싹한 밴더스내치를 피해라!46)

  괜찮은 번역을 골라 싣기는 했지만, 그렇다고 영국 독자들이 'slithy toves'에서 느끼는 감정과 떠오른 연상을 'хливкие шорьки 나굿하고 부지런한 토우브들'이 러시아 독자들에게 똑같이 전할 거라고 확신할 수 있는가? 'Jabberwock', 'frumious Bundersnatch'가 영국 아이들에게 하듯이 'Ъармаглот и злопастный Ърандашмыг 재버워크와 무섭고 오싹한 밴더스내치'가 러시아 아이들을 놀래키고 또 헷갈리게 할 수 있을까? 러시아인과 영국, 미국인 사이에는 성장과정, 생활방식, 그리고 요즘 흔히 말하는 정신세계에 차이가 있기 때문에, 감정이나 연상이 서로 다른 언어 자극에 반응하는 경우가 많다. 그러므로 설사 매우 뛰어나고 훌륭한 번역이라 하더라도 이 부분을 완벽하게 전할 수는 없을 것이다. 이렇게 해보자. 위 시어의 대부분은 그냥 의미 없는 말이므로, 작가가 시를 통해 유도한 대로 소리가 비슷한 다른 단어를 찾아보는 것이다. '음성상 이웃 단어'를 들으면 러시아와 영국 독자 모두 무엇인가를 연상하게 될 것이다. 물론 이를 통해 우리가 알 수 있는 것은 연상에 미치는 영향에 대한 간접적인 설명일 뿐이다. 그럼 표를 작성해 보자.

---

46) 역주. 단어의 뜻을 풀어 이해하기 쉽게 해석하였다. 그러나 원문의 시는 수수께끼에 가깝다.

표 1

영어 단어	"이웃 단어"	러시아어 단어	"이웃 단어"
1	2	3	4
slithy	Slither (미끄러지다, 구르다)	хливкие	хлипать 흐느껴 울다 хлипкий 허약한
toves	Tow (가는 삼노끈, 털 부스러기, 삼 부스러기)	шорьки	шоркать 사각사각 소리내다 шорох 바스락거리는 소리 хорьки 족제비
Jabberwock	Jubber (수다 떨다, 종잡을 수 없는 것)	Бармаглот	Бармалей 악당 живоглот 흡혈귀
frumious	Frumpish (싸움을 좋아하는)	злопастный	злая пасть 사악한 주둥이
Bundersnatch	Bunder (부두, 항구) snatch ((급히)붙잡다, (잡아채려)손을 뻗다)	БранБашмыг	шмыгать 재빨리 움직이다

표를 살펴보았다면 직접 판단하기 바란다. 영국, 러시아 아이들이 시를 읽었다고 가정해 보자. 필자가 보기에 아이들이 시를 통해 얻게 될 웃음이나 공포와 같은 느낌은 비슷한 것 같다. 그러나 감정이 생겨나는 기반인 연상물은 확연히 다르다. 연상 작용만을 놓고 볼 때, 번역물은 원문과 일치하지 않으며 그럴 수도 없다.

필자가 제시한 예가 너무 특별한 경우이고 원래 시라는 것이 특수하지 않느냐고 반박할 수도 있다. 그래서 확실한 산문체로 된 예를 하나 더 들어볼까 한다. 러시아어의 감탄문 'Ах, ты, гад 너, 이 더러운 새끼!'를 'You, bastard!'로 번역했다 치자. 표현에 있어 공통점이 많음에도 불구하고 러시아어 단어 'гад 미끈거리는, 기어 다니는, 독이 있는'과 영어 단어 'bastard 사생아, 쓸모없는 인간'이 불러일으키는 연상물은 엄연히 다르다. 이런 번역을 꽤 자주 볼 수 있는 데, 엄격히 말해 의미를 완벽히 전달했다고 하기 힘들다.

통번역에 대한 새로운 관점

앞서 일반적인 통번역 이론을 상당히 피상적으로 검토하였다(앞으로도 계속 다양한 이론의 개별적인 면에 대해 살펴볼 기회가 있을 것이다). 마치기에 앞서 통번역에 대한 극단적인 관점을 하나 소개하려 한다. 필자가 보기엔 옳은 부분도 적지 않다. 언어학자이자 철학자인 콰인은[47] 우리가 내뱉은 말이 메시지 수신자에 미치는 영향만이 그 의미를 결정한다고 주장했다. 의미는 말과 그에 대한 사고의 내용이 일치하는 언어 행위 내에서만 존재한다. 그리고 사고의 내용은 약속에 의해서만 정해진다. 오로지 자극 의미만이 객관적으로 존재한다. 자극 의미란 언어적 혹은 물리적 반응을 이끌어 내거나 반대로 그러한 반응으로부터 얻는 자극으로서의 의미이다. 그 외의 의미는 모두 주관적이다. 예를 들어, 누군가가 '가!'

---

47) 참조. Quine W.(콰인) From a Logical Point of View. — Harvard Univ.Press, 1953; Quine W. On the Reasons for Indeterminancy of Translation // J. of Philosophy. — 1970. — V.67, No 6; 삼소노프(Самсонов В. Ф.), "의미와 번역" (첼랴빈스크, 1978)

라고 말했다고 하면 그것이 객관적으로 의미하는 바는 '걷도록 자극하다'일 뿐이다. 같은 말을 쓰는 사람이라면 이러한 반응을 보일 것이기 때문이다. 그러므로 서로 다른 언어의 말을 대응시키는 객관적인 통번역은 다음과 같은 경우에나 가능할 것이다. 정글에 묻혀 사는 잊혀진 종족의 알려지지 않은 언어를 출발어로 한다. 그들 원주민의 언어 반응을 관찰, 기록하는 과정을 통해 우리가 아는 언어로 옮긴다. 토끼가 뛰어가고 원주민이 뭐라고 소리쳤다고 치자. 뭐라고 했을까. 보나마나 '토끼', '저기 토끼가 뛰어 간다' 정도일 것이다. 다른 종류의 통번역에는 원칙적으로 정답이 없다. 증명할 수 있는 대상이 아니므로 통번역의 적합성을 따질 필요도 없게 된다. 이렇게 극단적으로 통번역을 바라보는 시선도 있다. 수긍할 부분도 많지만 놀라지는 말기 바란다. 어쨌든 통번역은 세상에 존재한다. 우리의 활동이 바로 그 증거이다.

통번역 이론 정리

앞서 여러 가지 통번역 이론을 살펴보았다. 모두 타당한 논리를 갖추고 있으며 통번역 과정을 상당히 객관적으로 보여주었다. 언어 및 통번역상의 다의성과 관련, 맥락이나 상황 같은 강력한 다의성 제거 수단을 꼭 기억해두기 바란다. 통번역 이론에 대한 짧은 여행을 마치면서 대략적인 결론을 내려보자. 실수를 분석해보고 싶다면 통번역을 커뮤니케이션 행위로 간주하는 것이 편리하며 유용하다. 커뮤니케이션 과정에서 통번역사는 중개자가 된다. 모든 참여자가 가지고 있는 시소러스의 일치 여부에 따라 통번역의 완성도가 결정된다. 시소러스는 대상, 언어 두 가지로 구성되며, 언어 시소러스에서는 연상이 적잖은 역할을 한다. 문학번역에서 연상이 차지하는 비중은 기술번역 등에 비해 당연히 크다. 언어, 대상 시소러스의 역할에도 차이가 있기 때문이다. 이 문제는 다음 장에서 계속 논의하게 될 것이다.

4

수학과 음악
—통번역 장르 및 종류

통번역은 창의력의 발휘인가 생계 수단인가? 통번역은 수학인가 음악인가? 통번역에 현대 과학으로 풀 수 없는 '직관의 영역'이 존재하는가? 통번역 장르와 수학, 음악적 요소의 비율에는 어떤 관계가 있는가? 직접 변환은 문학작품 번역의 특징인가?

통번역은 예술인가

　통번역을 어떻게 하는 것인지, 통번역 결과의 질적인 면에 영향을 미치는 요인이 무엇인지 이쯤이면 어느 정도 이해했으리라 기대해본다. 필자가 '어느 정도'란 표현을 쓴 데는 이유가 있다. 노력은 했지만, 불과 몇 페이지에 통번역 이론을 전부 담을 수는 없었다. 그리고 통번역 과정이 **실제로 어떻게** 전개되는지 설명할 수 있는 사람은 없다는 것을 필자도 잘 알고 있다. 기계 번역 시스템도 이 사실을 증명해 준다. 통번역 수준의 벽을 넘어 인간이 해내는 정도에 도달하고자 하지만 태생적 결함 때문에 불가능하다. 그렇다면 통번역은 그 규칙을 규명해낼 수 없는, 예술의 하나인가? 다른 예술과 마찬가지로 통번역도 비밀스런 조화의 일종인가? 그래서 과학적 사실을 수치화한 무미건조한 언어가 될 수 없는 것인가? 어느 정도는 그러하다. 통번역에서도 다른 창작 활동에서 보여지는 현대 과학으로 풀 수 없는 직관의 영역을 발견할 수 있다. 특히 문학작품 번역에서 그러한 모습이 뚜렷이 보인다. 하지만 그렇다고 기술번역에는 직관이 필요치 않다던가, 문학작품 번역사들은 창의력이 발휘될 때만 일을 할 뿐 생계의 방편으로 여기지 않는다는 뜻은 결코 아니다.

　통번역 장르 및 종류는 수학, 음악적 요소의 비율과 적지 않게 관련되어 있다. 앞 장에서 다루었던 이론 체계 즉 변환법, 구상법, 커뮤니케이션 도표를 참고하여 통번역 과정을 살펴볼 수 있다. 매우 편리하며 신뢰할 수 있는 모델이다. 본 모델을 성공적으로 적용한 기계번역이 그 확실한 증거이다(기계번역에 대해선 8장에서 다시 얘기하자). 각각의 통번역 장르와 종류의 특징을 위의 모델에 근거하여 구분해 보자. 이 같은 관점에서 문학작품과 과학기술번역, 통역과 번역, 순차통역과 동시통역을 비교해 보자.

문학작품번역과 과학기술번역 사례

문학작품과 과학기술 텍스트는 글의 서로 다른 장르로서 언뜻 보기에는 완전히 다른 체계와 방법에 의거해 번역을 해야 할 것만 같다. 예상이 어느 정도 맞는지 지켜보자. 문학작품과 과학기술 번역을 예시하였다. 첫 번째 예로, 그린의 소설 <브라이턴록> 번역물에서 일부를 발췌하였으며 <그리스의 유성성 및 열물성 Rheological and Thermophysical Properties of Greases>에서 몇 줄을 골라 번역하였다. 두 번째 예는 마클레안의 소설 <끝없는 밤 Ночь без конца>[48] 중 한 단락의 번역문과 <그리스의 유성성 및 열물성 Rheological and Thermophysical Properties of Greases>[49] 중 다른 한 부분이다.

❶ "**They** came in by train from Victoria every five minutes, rocked down Queen's Road standing on the tops of the **little** local **trains**, stepped off in bewildered multitudes into fresh and glittering air: the new silver paint sparkled on the piers, the cream houses ran away into the west like a pale Victorian water-colour; a race in miniature motors, **a band playing**, flower gardens in bloom below the front, an airplane advertising something for the health in pale vanishing clouds across the sky".

❷ "Каждые пять минут **люди** прибывали на поезде с **вокзала**

---

48) Maclean A., "Night without End" — Fontana/Collins.
49) 지금부터 특별한 조건이 없는 이상 번역문을 의미함.

제4장 수학과 음악 101

Виктория, ехали по Куинз-роуд, стоя, качались на верхней площадке местного **трамвая**, оглушенные, толпами выходили на свежий сверкающий воздух; вновь выкрашенные молы блестели серебристой краской, кремовые дома тянулись к западу, словно на поблекшей акварели викторианской **эпохи**; гонки миниатюрных автомобилей, **звуки джаза**, цветущие клумбы, спускающиеся от набережной к морю, самолет, **выписывающий** в небе бледными, тающими облачками рекламу чего-то полезного для здоровья".

"빅토리아 역에서 기차를 탄 사람들이 5분마다 도착했다. 지방전차의 꼭대기에 서서 흔들리며 퀸즈로드를 지나, 얼떨떨한 채 떼지어 열차에서 내리니 바깥 공기는 상쾌하고 눈부셨다. 새로 칠한 방파제가 은빛으로 반짝이고 크림색 집들이 빅토리아 시대 옅은 빛 수채화처럼 서쪽으로 늘어서 있었다. 모형 자동차 경주, 재즈 소리, 바다로 이어지는 활짝 핀 꽃밭 그리고 사라져가는 창백한 구름으로 건강에 좋다는 무언가의 광고를 하늘에 써넣는 비행기"

❸ "The calculation procedure suggested enables us to convert the flow curves obtained on smooth surfaces and distorted by the wall effect into real grease flow curves which can determine grease properties in bulk. Moreover, the procedure proposed enables us to avoid making multiple measurements with capillaries of different diameters".

❹ "Предложенная методика вычислений позволяет преобразовать кривые течения, полученные на гладких поверхностях и искаженные пристенным эффектом, в реальные кривые течения пластичной смазки, по которым можно определять свойства смазки в объеме. Кроме того, эта методика позволяет избежать многократных измерений с капиллярами различного диаметра"

"제시된 계산법은, 매끄러운 표면에서 얻어 벽 효과에 의해 왜곡된 곡류를 실제그리스곡류로 변환할 수 있게 해 준다. 실제그리스곡류에 따라 그리스의 부피 특징을 결정지을 수 있다. 더나아가 이 방법을 쓰면 다양한 직경의 모세관을 가지고 여러 번 측정하지 않아도 된다."

❺ "Carburetor ice **was a** constant **problem.** The steering box froze and had to be thawed out by **blow-torches.** Generator bushes **stuck** and broke, but fortunately **we** carried spares enough of these. But the biggest troubles was the radiator".

❻ "В карбюраторе постоянно образовывался лед. Коробка передач замерзала, и ее приходилось отогревать **паяльной лампой.** Втулки генератора **примерзали** и ломались, но, к счастью, **мы** взяли с собой достаточно запасных частей. Но больше всего хлопот доставлял нам радиатор"

"카뷰레터에 얼음이 계속 생겨났다. 스티어링박스가 얼어서 **토치램프**로 덥혀야 했다. 발전기 마개가 **얼어붙어** 망가졌지만 다행히도 우리는 예비 부품을 충분히 가져왔다. 하지만 우리를 가장 성가시게 한 것은 라디에이터였다."

❼ "The calorimeter is fed with a grease sample through the branch connection to fill the clearance between the shell and the disc. The capillary is used to control the grease filling and to allow for its escape due to temperature expansion"

❽ "Образец смазки вводили в калориметр через патрубок, заполняя пространство между корпусом и диском. Капилляр использовался для контроля **уровня** заполнения смазкой и для выпуска **избытка** смазки в результате теплового расширения".

"칼로리미터는 몸통과 디스크 사이의 틈새를 채우기 위해 지관으로 주입한 그리스 샘플로 채워진다. 모세관은 그리스의 **양**을 조절하며 열에 의한 팽창으로 생겨난 그리스의 **과잉분**을 배출하는데 이용된다."

첫 번째 쌍을 비교해 보자(1~2와 3~4). 두 가지 텍스트 모두 동일한 방법, 즉 변환법을 주로 이용하여 번역하였다. 문학 번역에는 '빅토리아 역', '빅토리아 시대'와 같은 해석적 요소도 들어 있는데, 이러한 설명은 러시아 독자의 내용 이해를 돕기 위해 반드시 필요하다. 하지만 번역사나 편집인이 나중에 설명을 덧붙였을 가능성도 높다. 전반적으로 양 번역은 순수한 변환적 성격을 띤다. 이 점은 다른 수많은 문학 번역에서도 마찬가지이다. 기술 번역의 특성인 변환성이 문학 번역에도 똑같이 적용됨을 발견할 수 있다. 문학 번역에서 발견한 몇 가지 부정확한 점을 짚어보자. 'They'의 경우, '사람들'보다는 '그들'이라고 해야 한다. 20세기 초 보수적인 영국 사회가 배경임을 고려할 때, 'band'는 아마도 '재즈'가 아니라 '관현악'일 것이다. 'little local trains'는 '전차'보다는 '작은 전차'가 적당할 것이다. 아예 '작은 시외 기차'라고 해도 좋다. 기술 번역에는 부정확한 부분이 없었다. 번역사가 더 훌륭하기 때문이 아니라 **문학 번역의 목표가 기술 번역과 다르기** 때문이다. 내용도 전달해야 하지만 그보다는 형상 구현에 초점을 맞춘다. 위의 경우, 작가가 만들어낸 바닷가 휴양지의 떠들썩한 분위기를 살려야 한다.

두 번째 쌍(5~6, 7~8)을 비교해도 상황은 비슷하다. 문학, 기술 번역 전부 변환법을 위주로 하였다. 양쪽에 다 해석적인 요소가 있기는 하지만 말이다. 예를 들어, 'Carburetor ice was a constant problem'을 '카뷰레터에 얼음이 계속 생겨났다. В карбюраторе постоянно образовывался лед'로 번역하였으며(문학 번역), 영어 원문에서는 뚜렷이 드러나지 않은 보충 개념이 번역문에서는 두 단어 '양 уровень', '과잉분 избыток'으로 표현되었다(기술 번역). 문학번역에는 역시 부정확한 부분이 있었다. 'blow-torches'는 '램프 лампа'보다는 '토치램프 여러 개 паяльные лампы'라고 해야 한다. 'stuck'도 '얼어붙었다 примерзали'보다는 '달라붙었다 прилипали'라고 하는 편이 낫다. 또 'bushes'가 '마개 втулки'라고는 생각하지 않는다. 앞서와 마찬가지로 번역사는 사실의 정확한 설명에 중점을 두지 않는다. 대신 저자 그린이 만들어낸 형상, 즉 주인공이 극복해 나가는 어려움을 독자에게 전달해야 한다. 예문이 기술적인 내용을 많이 담고 있음에도 불구하고 이것은 기술텍스트가 아니며, 기술 번역도 아니다. 내용(사실)은 그대로 두고 표현 형태만 바꾸어보면 그 차이를 느낄 수 있다.

"Carburetor ice was a constant problem. The steering box froze and was thawed out by blow-torches. Generator bushes stuck and broke, and had been replaced by spares. The radiator was also a big trouble."

"В карбюраторе постоянно образовывался лед. Коробка передач замерзала, и ее отогревали паяльными лампами. Втулки генератора примерзали и ломались; их заменяли запчастями. Проблемы также часто возникали в радиаторе."

"카뷰레터에 얼음이 계속 생겨났다. 스티어링박스가 얼어서 토치램프 여러 개로 덥혔다. 발전기 마개가 얼어붙어 망가져서 예비 부품으로 교체했다. 라디에이터도 자주 문제를 일으켰다."

작가나 주인공이 무대를 바라보는 시선을 나타내는 단어 'had to be', 'fortunately we' 등을 제거하고 평가 없이 사실만 확인하는 표현을 넣었더니, 문학 텍스트가 무미건조한 보고서가 되어버렸다. 고달프고 영웅적이기까지 한 극권에서의 삶을 그린 글이 저온에서의 견인차 파손에 관한 텍스트로 바뀐 것이다.

문학 번역의 특징

문학과 기술 번역을 앞 장에서 다루었던 모델을 이용하여 비교한 결론은,

- 문학 번역도 기술 번역처럼 언어간 직접 변환 및 구상적 접근(해석)의 복합적 이용에 바탕을 둔다. 이러한 관점에서 보면 두 번역에는 차이가 없다.
- 문학 번역과 과학기술 번역의 차이는 **전자가 대상, 언어 시소러스와 더불어 저자, 번역사, 독자가 가진 형상의 시소러스를 이용한다는 점**이다 (그림 6 참조). 기술텍스트 번역사가 사실 전달을 목표로 삼는다면, 문학작품 번역사는 형상을 구현할 수 있어야 한다.

저자, 번역사, 독자에게 있는 형상의 시소러스가 어디까지 일치하느냐에 따라 문학 번역의 수준이 결정된다 해도 과언이 아니다. 더욱이 문학텍스트 저자의 대상 시소러스는 번역사와 독자가 가지고 있는 대상 시소러스와 많이 다르다. 시 번역을 할 때면 그 차이를 절실히 느끼게 된다.

106 통역과 번역 그리고 통역사와 번역사

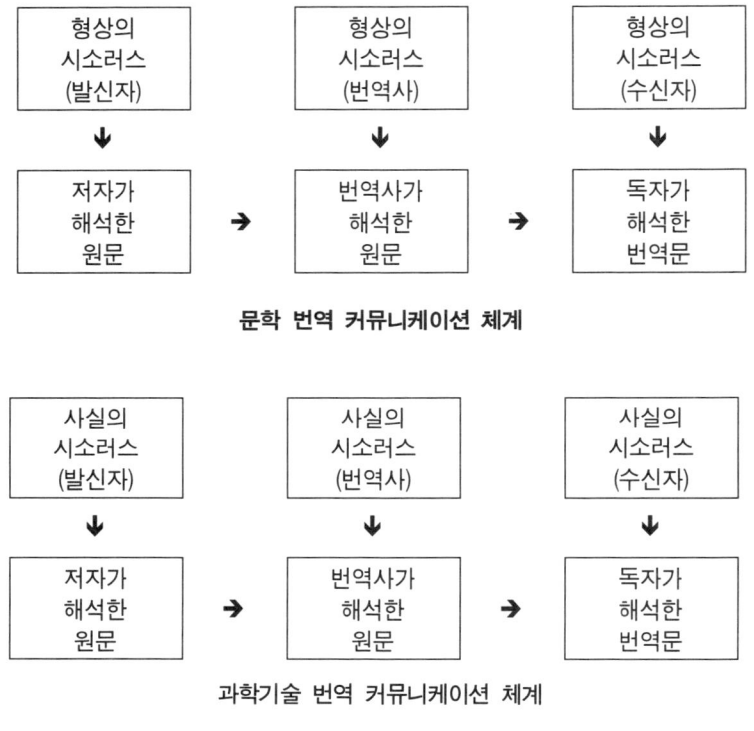

문학 번역 커뮤니케이션 체계

과학기술 번역 커뮤니케이션 체계

그림 6

DOVER BEACH

The sea is calm tonight,
The tide is full, the moon lies fair
Upon the Straits - on the French coast, the light
Gleams and is gone; the cliffs of England stand,
Glimmering and vast, out in the tranquil bay.
Come to the window, sweet is the night air![50]

---

50) "러시아어로 읽는 영국의 시" (모스크바, 1981) 중 매슈 아놀드(Matthew A.),

제4장 수학과 음악

ДУВРСКИЙ ЪЕРЕГ

Взгляд оторвать от моря не могу.
Тишь. Смотрится луна
В пролив. Там, на французском берегу
Погас последний блик. Крут и высок
Английский берег над водой навис.
О, подойди к окну! Как ночь нежна.

도버 해변

바다에서 시선을 거둘 수 없는,
저 잔잔함이라니. 달이 떠 있어
해협에. 저기, 프랑스 해안가
마지막 광채가 식어버리면, 험하고 높은
영국 해안은 물 위에 매달려,
오, 창문으로 오련! 밤기운이 달콤하구나.

위의 예에서 모든 것이 분명해진다. 사실상 서로 일치하지 않는 표현의 연속이지만, 그럼에도 불구하고 라만쉬 해안가 달밤 정취는 번역에 녹아들어 있다. 다시 강조하지만, 문학, 과학기술이라는 번역의 두 가지 장르에서 나타나는 차이는, 비록 접근법과 수단은 언어간 직접 변환, 자유로운 해석으로 동일하지만 목표가 서로 다른 데서 비롯된다.

"도버 해변 Dover Beach", 돈스키(Донский М. А.) 역.

동시통역과 순차통역

　대다수 전문 통번역사가 주업으로 삼고 있는 통역에 대해 살펴보자. 통역 종류(동시, 순차)에 따라 커뮤니케이션 과제, 접근법, 수단은 각기 달라진다. 그 차이점을 자세히 들여다보자. 앞 장에서 간단하게나마 동시통역에는 변환법이 순차통역에는 구상법이 주로 이용된다고 언급한 바 있다. 일반적으로 보자면 그러하다. 동시통역사에게는 고민할 시간적 여유가 없으며 순차통역 시에 출발어 텍스트의 형식 구조를 기억해 모방하기도 쉽지 않다. 어쨌든 시간을 할애해 생각해 볼 가치가 있는 문제임에는 틀림없다.

　통역을 우리 실생활에 비유하자면 동시, 순차 통역 모두 빠르게 달리는 기차 안에서 아이나 다른 누군가에게 창 밖 모습을 이야기해 주는 상황이다. 이 때 철길 근처에 무엇이 있는지, 다시 말해서 재빨리 나타났다 사라지는 것이 무엇인지 설명하는 것이 동시통역이라면, 멀리서 천천히 펼쳐지는 풍경에 대한 묘사는 순차통역의 좋은 모델이다.

　풍경을 이루는 일부분이 눈앞을 빠른 속도로 스쳐 지나가는 경우, 각각의 단편을 가지고 전체를 재구성해야 한다. 만약 금속 구조물을 보았고 그것이 다리 건설에 쓰인다는 사실을 알고 있었다면 다리를 지나고 있다고 말할 것이다. 조금 후 다리의 다른 구조물이 나타난다면 추측은 옳았던 것이 된다. 도로나 전차의 일부를 보았다면 어떤 도시라고 말할 것이다. 실제로 높은 건물, 쇼윈도우가 뒤를 이어 등장한다면 그 추측도 맞았음이 판명될 것이다. 이와 마찬가지로 동시통역을 할 때면, 문장의 일부를 듣고 이를 이용하여 문장을 재구성한다. 그러나 바로 말로 옮기기는 쉽지 않다. 그러므로 뒤처지지 않기 위해서는 가능한 안을 미리 준비해두는 것이 좋다. 연사가 "The research that we…"라고 말하면 "저희는 본 연구를…"이라 통역하면서 머리 속으로 여러 표현을, 예를 들어 '검토했다', '시행했다' 아니면 '검토할 것이다', '시행할 것이다' 등을 준비해야 한다.

멀리서 보면, 각각의 대상이 무엇인지 구분하기 힘들다. 게다가 전부 기억하기에는 너무도 많은 것들이 동시에 눈앞에 펼쳐진다. 그렇다면 **전체를 토대로 부분을 재구성**하여 이야기를 해나가야 한다. 바로 이것이 순차통역이다. 한번에 긴 텍스트를 듣고 이를 파악하여, 중요한 핵심 문장을 정확히 재현하면서 통역해야 한다. 개별적 대상간의 관계는 텍스트에 얽매이지 않고 보통 자신이 생각해 낸 적당한 표현을 이용하여 풀어간다. 이렇게 순차통역에서는 **전체를 토대로 부분을 재구성**한다.

동시, 순차 통역과 의미선정 요인

실제로 통역사가 모든 것을 재구성한 경우도 있다. 당시 세미나 주제는 시장 상황에 따른 공공 기관 활동이었고 그 통역사는 시카고 대표의 매우 짧은 발표를 맡았다. 그런데 통역사에게 문제가 생겼다. 발표를 듣는 데 머리가 멍해지는 것이 아닌가. 연사가 말하고 있는 모습은 보았다. 입술이 움직이는 것도, 이따금 열정적인 제스처로 자신의 말을 강조하는 것도 보았다. 하지만 무슨 말인지는 전혀 이해할 수 없었다. 발표는 끝나고 잠시 침묵이 흘렀다. 그리고 드디어 통역이 나오기 시작했다. 통역사는 가까스로 잡은 세 단어

'시카고', '상수도', '시정부'를 가지고 미국 대도시의 수도관리기관이 겪는 어려움에 대해 조리 있게 말을 이었다. 청중의 대다수가 통역에 만족했으며 연사에게 질문까지 하였다. 이 황당한 통역 사건을 통해 배울 수 있는 교훈에 대해선 접어두기로 하자. 대신 중요 의미선정 요소 즉 맥락, 상황, 배경지식을 떠올려 보자. 이런 식의 사이비 통역에서 맥락을 이용했을 리 만무하고, 놀라운 상황 지식과 탁월한 배경 정보에 의존했음이 분명하다. 청중이 연사로부터 무엇을 원하는 지 상황을 정확히 파악하였으며 세미나 중에 얻은 배경 정보를 십분 활용한 것이다.

의미선정 요인이 순차, 동시통역에서 어떤 역할을 하는지 살펴보자. 순차통역을 할 때는 상당히 넓은 범위의 맥락을 접한다. 반면 동시통역의 맥락은 단편적이며 제한되어 있다(그림 7 참조). 다시 말해서, 순차통역 시에는 통역사 앞에 맥락의 연속체가 일관성 있게 펼쳐진다. 그러므로 합의를 거쳐 만들어진 사전상의 단어 중 적당한 것을 배경지식, 상황에 근거하여 선택하여 다른 언어로 전달하게 된다. 동시통역을 하게 되면 문맥이 잠시 나타났다 사라진다. 그것을 상황과 배경지식에 입각하여 한데 이어 붙여야 한다. 그런데 연사의 말을 듣고 그 순간 바로 옮겨야 하므로 설령 실수했음을 나중에 알게 되도 바로잡을 도리가 없다. 이것이 순차통역과 가장 크게 다른 점이다. 이런 이유로 동시통역에선 상황과 배경지식이 절대적이다.

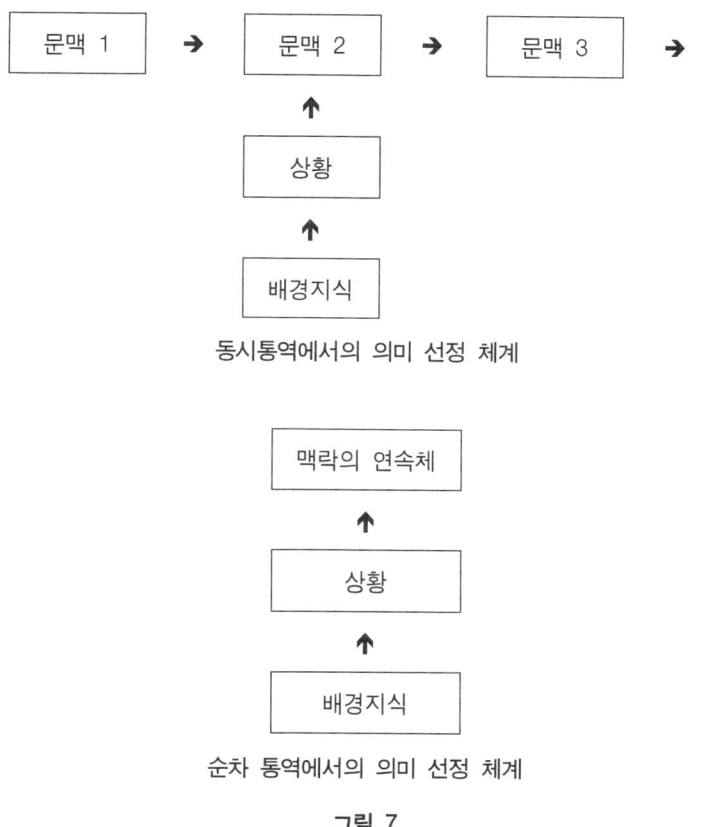

그림 7

 동시통역사가 이런 문장을 들었다고 치자. "At the first stage the chips are put on the conveyer". 통역사는 즉시 의미 중 하나를 선택해서 'chips'를 통역해야 한다. '부스러기', '조각', '생통감자', '칩' 중에서 '칩'을 골랐다고 하자. 통역된 문장상으로는 하등의 모순점이 없었다. 그런데 이어서 나오는 다음 문장 "Then they are transferred to the frying oven"이 통역사가 심각한 실수를 저질렀음을 일깨워

준다. 하지만 사과할 시간조차도 없다. 동시통역사는 보통 이러한 실수를 하지 않는다. 상황과 배경지식의 도움을 받아 미리 단어를 선택하기 때문이다. 그렇지만 잠재적인 위험 자체를 배제하기는 힘들다. 특히 통역사가 서로 교대하면서 통역사의 시소러스 즉 통역사가 생각하는 것과 맥락이 바뀔 때 그 가능성이 배가된다(그림 6, 7 참조). 한 가지 예를 들어보자.

어떤 세미나에서 연사가 보온병을 언급하면서, 처음엔 영어로 'thermoflask'라고 하였다가 그 다음부터는 그냥 'flask'로 불렀다. 시작할 때부터 통역해서 첫 번째 맥락을 알고 있는 통역사는 'flask'를 '보온병'으로 제대로 옮겼다. 나중에 교대해 들어온 두 번째 통역사는 첫 번째 맥락을 모르는 탓에 새로운 '맥락 2'에 기초해서 'flask'를 '플라스크'로 통역했다. 그리고 세 번째 통역사는 '맥락 3'을 이용, 본인 생각대로 '증류기'라고 통역하였다. 동시통역과는 달리 순차통역 시에는 설명이 이루어지는 맥락을 기다린다. 그러므로 훌륭한 통역사라면 이러한 실수를 하지 않는다.

의미선정 요인의 역할

요점을 정리해 보면, 통번역이란 그 장르와 종류에 관계없이 끝없이 가설을 세우고 이를 맥락, 상황, 배경지식을 통해 확인해가는 과정이다. 1차 가설로서 제시된 통번역안을 확인할 때면 텍스트가 아래 열거된 항목에 부합하는지 여부를 점검해야 한다.

- 공통 및 개별 맥락
- 연설, 토론, 책, 논문 등 통번역 원문의 주제
- 삶, 주변 세계, 세계와의 어울림에 관한 상식
- 상황
- 문체
- 언어 단위의 결합 규칙

위의 요소 중 어느 것이 선택에 영향을 끼쳤는지 딱 잘라 말하기 어려울 때가 많다. 그럴 때면 보통 직관, 언어 감각, 통번역 센스와 같이 무언가 불분명한 것들을 들먹이기 시작한다. 물론 등가어 선택에 영향을 미친 요인이 무엇인지 어느 정도 확실히 알 수 있는 경우도 있다. 그 중 몇 가지 예를 살펴보자.

연설 중 **공통의 맥락**에서 영단어 'interpretation'은 '해석'도 될 수 있고 '설명'도 될 수 있다. 그러나 **개별 맥락** 'interpretation into official languages'은 또 다른 의미 '번역'임을 암시한다. 반대의 경우도 있다. 전체 텍스트의 의미를 결정하는 공통의 맥락이 모든 개별 맥락과 어긋나는 것이다. 1인칭으로 쓰인 편지를 러시아어로 번역한다고 해보자. 보통 그러하듯이 남성형을 이용할 것이다('Я считал ~라고 생각한다', 'Я ожидал 기다렸다'[51] 등등). 그러다가 제니 혹은 줄리라고 적힌 여성의 서명 하나(공통의 맥락)를 보게 된다면, 전체 번역을 수정해야만 할 것이다.

주제는 모든 전문 어휘의 의미를 결정짓는 요인이다. 통번역 센스의 도움을 기대하기 힘들 정도로 어휘의 뜻이 달라진다. 예를 들어, 'withdrawal'은 '군대 철수'(군사), '금단 신드롬'(의학)을 뜻한다.

---

51) 역주. 동사의 여성 과거형은 모음 'a'로 끝난다.

일반 의미가 주제 의미와 함께 같은 텍스트에 등장할 수도 있다. 예를 들어, 'interest'가 '관심', '금리'(금융) 두 가지로 쓰인다. 이 때 각각의 의미가 무엇인지는 개별 맥락에 의해 정해진다. 주인공의 대사 "I'll be go get supplies"를 "가서 먹을 것 좀 가져올게"로 번역한 영화가 있었다. 아마도 상황을 고려한 판단이었을 것이다. 영어 문장 "They will throw the whole book on you"를 "그 사람들이 너 한테 모든 항목을 걸고넘어질 거야"로 번역한 것도 그 탐정 소설의 전체 **상황**을 보면 수긍이 간다.

어휘 결합과 문체는 서로 연관되어 있다. 섞일 수 없는 여러 문체의 결합이 최근 들어 러시아 문학번역의 전형적인 현상으로 대두되었으니 안타까울 따름이다. 톨스타야의 기지 넘치는 풍자시를 떠올리지 않을 수 없다.

> "... А как задует сиверко, как распотешится лихое ненастье – резко замедляется общий метаболизм у топтыгина, снижается тонус желудочнокишечного тракта при сопутствующем нарастании липидной прослойки 매서운 북풍이 불어오고, 못된 악천후가 웃어 제끼면 곰돌이의 전반적인 신진대사가 급격히 느려지고 수반되는 지질층 증가로 위장관의 활동력이 저하된다."[52]

물론, 통번역사에게 통역이나 번역 과정에서 대응어 선택을 결정 짓는 요인을 분석해 보라고 요구한다면 현명치 못한 처사일 것이다. 그러기에는 시간이 너무 부족한 것이 사실이다. 그렇지만 통번역을 준비하는 과정에서는 스스로를 위해 아래 제시된 항목을 아주

---

52) T. 톨스타야(Толстая T.), "사랑하니, 사랑하지 않니" (모스크바, 1997)

명확하게 정리해 둘 필요가 있다.

- 연설, 토론, 협상의 주제
- 상황
- 해당 주제와 상황에 적합한 문체

이 정도에서 이론에 관한 논의는 마치고 좀 더 실제적인 문제로 들어가 보자.

5

동시통역
― 신체·정신적으로 정상이라고 할 수 없는 직업 환경

 통역사라는 직업이 평범해 보일지도 모른다. 그러나 동시통역을 하면서 부딪치는 직업 특유의 비정상적 조건은 이러한 일반적 견해를 뒤집기에 충분하다. 끊임없는 심리적 긴장감과 신체적 고통으로 인해 동시통역사는 비행기를 시험하는 조종사만큼이나 어려움을 겪는다.

동시통역-불가능에 대한 도전

교수가 교실의 천장 높이 걸린 철사 줄에 매달려 강의를 하고 있다. 엔지니어는 물구나무를 선 채 복잡한 설계를 구상하고 배관공은 물도 잠그지 않고 욕실과 부엌의 수도를 한꺼번에 고치고 있다. 그럴 듯한 상황인가? 아닐 것이다. 정상적인 사람이라면 이렇게 말도 안 되는 방식으로 일하지는 않을 것이다. 그런데 동시통역사가 바로 이런 비정상적인 조건에서 일을 한다. 출발어의 텍스트를 들으며 동시에 도착어로 내용을 옮긴다. 때문에 학계에서는 동시통역사의 근무상황이 불가능에 가깝다고 표현하기도 한다.

'국제회의 통역 중 청중으로부터 격리된 부스에서 출발어 텍스트를 단 한 번 듣고 동시에 도착어로 옮기는 일이 전문동시통역이다. 이렇게 어려운 상황 속에서 통역사는 필요한 정보를 철저히 선별하여 도착어로 재가공한다.' '동시통역의 극한 조건 때문에 통역사가 스트레스를 겪게 되는 경우가 종종 있다.'[53]

덧붙이자면, 동시통역사는 대개 스트레스로 이어지는 엄청난 심리적 부담을 항상 안고 있다. 당연한 일이다. 정상적인 사람이라면 들으면서 동시에 말을 하지는 못한다. 동시통역이라는 것 자체가 신체·정신적으로 비정상적인 환경에서 이루어진다. 몸과 머리에서는 충돌이 일어나고, 이를 극복하기 위해선 정신을 집중해야만 한다. 통역을 멈춰서도 안 되고 그렇다고 아무렇게나 할 수도 없으니까 말이다.

---

53) 체르노프(Чернов Г. В.), "동시통역의 기초" (모스크바, 1987)

동시통역 가상체험

요즘은 카세트와 헤드폰이 흔해서 다음과 같은 테스트를 쉽게 해볼 수 있을 것이다. 모국어로 녹음된 테이프를 들으며 한 단어씩 건너뛰어 따라해 보자. 아니면 좀 더 어렵긴 하겠지만 서술어를 골라서 따라해 보자. 이런 식으로 동시통역과 유사한 상황을 조성할 수 있다. 텍스트를 듣고 분석함과 동시에 말을 해야 하므로 한눈 팔 새도 없을 것이 분명하다. 서술어 따라하기까지 단번에 통과한다면 동시통역에 기본적으로 소질이 있다고 할 수 있다. 동시통역이 이렇게 어려운 것이기 때문에 경험도 없으면서 동시통역을 할 수 있다고 큰소리치는 일반 통역사를 보면 당황스럽다. 외국어를 완벽하게 구사할 수 있노라는 주장만큼이나 황당하게 들린다. 사실, 모국어를 정확하게 쓰기도 어려운 것이 현실이다.

동시통역에는 특별한 장비가 반드시 필요하다. 연사의 소리가 통역사의 목소리에 묻혀서는 안 되기 때문이다. 특수한 헤드폰이 있어야 하며, 부스라고 불리는 독립된 방이 제공된다면 더욱 좋다. 그렇지만 가장 중요한 것은 역시 전문적인 통역 기술과 노하우이다. 이에 대해 이번 장에서 자세히 다루려고 한다.

동시통역의 특성

동시통역이란, 연사가 마이크에 대고 모국어로 연설을 하면 통역사가 헤드폰을 통해 연설을 들으면서 동시에 도착어로 통역을 하는 것이다. 통역사가 부스에 있지만, 헤드폰을 통해 통역을 듣는 청중은 마치 연사가 그들의 언어로 연설을 하는 듯한 느낌을 받는다. 훌륭한 동시통역사는 연사가 말을 멈출 때 동시에 멈추며, 연사가 자신의 말을 강조하기 위해 사용하는 제스처에 통역을 일치시킨다. 어떤 통역사는 부스에서 연사의 제스처를 따라하기도 한다.

동시통역이 어렵다는 것은 누구나 알고 있는 사실이다. 전문가들은 동시통역의 고충을 다음과 같이 정의 내린다.

- 청취와 발화를 동시에 해야 하는 신체·정신적 피로 : 보통 사람은 이야기를 듣고 나서 말을 한다. 이야기 중간에 누가 끼어들거나 여러 사람이 동시에 떠들기만 해도 말을 제대로 잇기 힘들다.
- 헤드폰을 통해 들리는 연사의 말을 되돌릴 수 없다는 심리적 긴장감 : 동시통역사는 연사에게 잠시 멈추거나 반복해줄 것을 요청할 수 없다.
- 통역을 정정할 수 없으며 많은 청중이 듣고 있다는 심리적 긴장감 : 양해를 구할 수도 통역을 바로잡을 수도 없다.
- 빠른 연설로 인한 신체·정신적 긴장감 : 동시통역사는 쉴 새 없이 빠른 속도로 통역을 해야 한다. 그러지 않으면 뒤쳐진다. 숨을 돌리고 생각을 정리하려고 잠시 쉬게 되면 의미 전달이 어려워지며 이에 따른 심리적인 부담을 안게 된다.
- 제한된 문맥과 시간 속에서 상이한 언어 구조의 발화를 동시적으로 진행해야 하는 어려움 : 러시아어와 영어처럼 어순이 자유로운 언어와 엄격한 언어를 동시통역할 경우, 구조적으로 다름에도 불구하고 발화는 동시에 이루어져야 한다.
- 도착어의 단어 길이가 길고 수식어가 많을 경우, 벌어진 시간을 보충하기 위해 압축된 표현을 찾아야 하는 어려움 : 예를 들어, 러시아어 단어는 영어 단어보다 보통 7~8% 길다. 또한 영단어 하나로 표현되는 익히 알려진 개념을 러시아어에서는 여러 단어를 조합하여 설명해야 하는 경우가 있다. 새로이 생겨나 아직 굳어지지 않은 개념일 경우 더

욱 심하다.

상기 요인들이 없이도 통역은 그 자체로 매우 어려운 일이라는 것을 이미 여러 번 강조하였다. 위의 요인들은 동시통역이 얼마나 어려운지를 잘 보여준다. 하지만 이것은 시작에 불과하다. 왜냐하면 가장 이상적인 상황에서 발생할 수 있는 문제가 이 정도이기 때문이다. 즉 연사가 표준 발음을 구사하고 뜻이 통하는 표준어를 사용하여 정상적인 속도로 말을 하며 통역이 되고 있다는 사실을 분명히 인식하고 청중이 자신의 연설을 제대로 이해하기를 바라는 그런 이상적인 경우를 가정한 것이다. 하지만 유감스럽게도 이런 경우는 매우 드물다.

동시통역사와 연사

힘든 상황을 겪고 있는 동시통역사를 더욱 난처하고 곤란하게 만드는 것은 대부분의 사람들이 동시통역을 비롯한 통역의 특성에 무지하다는 점이다. "외국어를 안다고? 그럼 통역 한 번 해보지."라는 일반적인 인식은 앞서도 지적한 바 있다. 그러므로 통역사는 정신적인 면과 실력에 있어서 다음과 같은 상황에 대비해야 한다.

- 연사가 매우 빠른 속도로 말을 하거나 준비해온 연설문을 그대로 낭독할 수도 있다. 그냥 읽어 내려가는 경우 속도는 훨씬 빨라진다.
- 연사의 발음이 불분명하거나 방언을 사용할 수도 있다. 특히 아프리카, 인도, 일본, 프랑스인의 영어 발음은 이해하기 힘들다.

- 연사가 비표준어나 자신만의 약어 또는 전문분야에서만 통용되는 표현을 사용할 수도 있다.

물론 순차통역의 경우에도 이런 어려움에 처할 수 있다. 그렇지만 연사에게 재차 물어보거나 다시 말해줄 것을 요청할 수 있기 때문에 연사와의 상호관계가 이루어지며 청중의 도움을 받을 수도 있다. 순차통역을 듣는 청중들 중에는 해당 외국어를 구사하며 연설 분야에 대한 주제지식을 가진 사람이 있게 마련이다. 통역이 전반적으로 흡족할 경우, 이들은 자발적으로 나서 통역의 내용을 정정해 주거나 살짝 귀띔해 준다.

동시통역사와 연사와의 거리

순차통역과 달리 동시통역에서는 연사나 청중과의 접촉이 전무하다. 몇 가지 예를 들어보자. 한 세미나에서 있었던 일이다. 당시 통역사는 부스에서 연사를 볼 수 없었다. 연사가 불가리아 대표라고 생각하고 다음과 같이 통역했다.

"저희 불가리아에서는…", "불가리아 국민은…" 이 통역사는 부스 밖으로 나와서야 자신이 얼마나 큰 실수를 범했는지 깨달았다. 연사는 당황스럽게도 흑인이었으며 나이지리아 대표였다. 나이지리아 대표의 자국명 발음이 꼭 불가리아처럼 들린 것이다. 이렇게 부스에서 연사를 볼 수 없는 경우가 생각보다 빈번하다.

연사의 약어 사용

중소기업 문제를 다룬 세미나가 있었다. 영어를 사용한 모든 연사가 중소기업을 SME(small and medium enterprise)라고 약어를 써서 표현했다. 그러나 러시아어에는 이에 상응하는 표준 약어가 없다. 연사가 SME라고 하는 데 '중소기업[54]'이라고 풀어 쓸 경우 다음 문장을 놓칠 수 있다. 그래서 동시통역사들은 러시아어 표현의 이니셜만을 따서 МСП라는 약자를 임의로 만들었다. 그런데 청중 중에는 이 약자를 이해하지 못한 사람이 있었고 결국 한 명이 질문을 하는 상황에 이르렀다. "МСП가 무슨 뜻입니까? СП가 합작기업[55]인지는 알겠습니다만, МСП는 무엇인지요?"

사실 위와 같은 경우 뾰족한 해결책은 없다. 연사에게 약어 사용을 자제해달라고 부탁해볼 수도 있다. 그러나 첫째, 모든 연사에게 다 부탁을 하기는 힘들고 둘째, 대개 연사는 약속하고 돌아서면 잊어버린다. 그러므로 어떤 식으로든 그 상황을 모면할 수 있게 노력하는 편이 낫다. 소기업[56]이라고 하는 것도 대안이 될 수 있을 것이다.

읽는 연사

어느 나라에서 열린 국제회의 개회식에 그 나라의 대통령이 참석하기로 되어 있었다. 그러나 대개 그렇듯 처리할 국사가 많은 대

---

54) 역주. 러시아어로는 'малые и средние предприятия'이다. 상당히 긴 표현이다.
55) 역주. 러시아어로는 'совместное предприятие'
56) 역주. 러시아어로는 'малый бизнес'

통령은 결국 참석하지 못했고 대신 대변인을 통해 환영사를 보냈다. 대변인은 엄청난 속도로 원고를 읽어나갔고 설상가상으로 악센트가 무척 심했다. 사전에 연설문 원고를 받지 못한 동시통역사가 그 내용을 이해하기는 힘들었다. 어떻게 했을까?

이 통역사는 자신이 가지고 있던 부통령의 연설문을 읽어 내려 갔다. 통역은 훌륭했으며 박수가 터져 나왔다. 바로 다음, 부통령의 차례가 되었다. 통역사가 다시 한 번 같은 연설문을 통역했지만 아무도 눈치 채지 못했다. 그리고 또 다시 박수갈채가 쏟아졌다. 이런 경우 윤리적인 문제가 제기될 수도 있다. 물론 이와 같은 통역은 금물이다. 그렇지만 통역사보다는 대변인의 잘못이 컸다고 생각한다.

농담과 유머-비유적 표현(allusion)

유머러스한 연사도 동시통역사에겐 불행이 될 수 있다. 어느 미 정치학자가 인구상황을 설명하면서 워싱턴의 인구를 허쉬(Hershy's)에 비유하였다. 인구의 절반은 초콜릿(chocolates), 나머지 절반은 호두(nuts)라는 것이다. 그러나 동시통역사는 워싱턴의 인구 구성이 다양하다고 옮겼다. 옳은 판단이었다. 인종차별주의적 성격은 차치하고 아무런 사전 설명 없이 이런 류의 농담을 통역하는 것은 현명치 못하다.

- 'Hershy's'는 호두가 들어간 초콜릿의 상표로 미국에서 인기가 높다.
- 'chocolates'는 흑인을 낮추어 부르는 말이다.

- 'nuts'는 호두와 미치광이라는 두 가지 의미를 갖고 있다.
- 미국인들은 워싱턴의 정치인을 완전한 'nuts'라고 여긴다.

한 러시아인 연사가 사유화에 대한 상황을 기술하다가 웃으며 이렇게 말했다. 일부 사람들이 'приватизация 사유화'를 'прихватизация 횡령'57)으로 여기는 지 사유화를 하는 과정에서 자꾸 더 좋은 것을 차지하려고 애쓴다고 말이다. 통역사가 'прихватизация 횡령'을 그냥 'appropriation'으로 통역했더니 영어를 사용하는 청중 중 누구 한 사람도 농담을 이해하지 못했다.

동시통역에 필요한 자질과 능력

동시통역은 무척 어렵다. 앞서 언급한 어려움은 가끔 겪는 일이 아니다. 한두 번 일어날까 말까 하는 것이 결코 아니다. 전문 동시통역사들은 현장에서 이러한 문제와 항상 부딪히며 해결 방법을 찾기 위해 꾸준히 노력하고 있다. 어려움을 극복하고 동시통역을 잘하려면 어떻게 해야 하는지 생각해 보자. 매일 반복되는 일상적인 일이 아닌 경우는 다 그렇겠지만, 동시통역에는 기본적으로 재능이 요구된다. 천부적으로 자질을 갖추지 않는 한 동시통역사가 되기 힘들다. 그리고 이와 함께 일정한 능력을 후천적으로 습득해야 한다. 이러한 자질과 능력이란 과연 무엇인가? 우선 열거한 후에, 필요한 이유와 그 중 가장 중요한 요소가 어떤 것인지 설명하겠다.

---

57) 역주. 두 단어의 철자와 발음이 유사

선천적으로 타고나야 하는 신체·정신적 자질

- 집중력, 최대한 주의를 모으는 능력, 방해 요소로부터 벗어날 수 있는 능력
- 동시에 여러 개의 일을 할 수 있는 능력
- 빠른 반응
- 빠른 말
- 신체·정신적 인내력

후천적으로 습득해야 하는 능력

- 넓은 시야, 백과사전적 지식
- 유창한 모국어, 풍부한 어휘
- 실무 외국어를 듣고 자연스레 이해할 수 있는 능력
- 구어와 관용어구를 포함한 유창한 실무 외국어 구사능력
- 뛰어난 기지, 사고의 유연함

물론 이러한 자질과 능력을 모두 갖춘 사람은 극히 일부에 불과하다. 그들은 최고 수준의 동시통역사이며 그 명성은 통역사들 뿐 아니라 일반인 사이에까지 널리 알려져 있다. 평균 수준 동시통역사의 경우 위에서 언급된 것들 중 어떤 것은 좋아도 다른 것이 부족한 경우가 대부분인데 이런 통역사들조차 소수에 지나지 않는다. 동시통역사가 없는 나라도 있고, 있다 해도 진정한 프로 통역사는 손가락으로 꼽을 정도이다. 동시통역사가 되고자 한다면 우선 외국어대학이나 대학교의 외국어 학부 등에서 전문적인 언어 교육을 받았는지, 몇 년 동안 꾸준히 순차통역을 해왔는지의 여부부터 따져봐야 한다. 만일 전문적인 교육을 받지 못했거나 순차통역 경험이

충분치 못하다면, 동시통역사가 되기 힘들다.

동시통역 소질 테스트

동시통역사가 지녀야 할 필수적인 신체·정신적 자질을 테스트하는 방법이 있다. 카세트와 다양한 속도로 외국어 텍스트가 녹음된 테이프, 녹음기가 필요하다. 간단한 테스트부터 시작한다.

첫 번째 테스트 : 과제에 대한 집중력과 방해 요소로부터 벗어나는 능력을 테스트
- 영어 텍스트가 녹음된 테이프를 튼다. 스포츠 해설과 같이 속도가 빠른 것은 나중으로 미루고 처음에는 정상 속도로 녹음된 테이프를 고른다. 지시에 따라 자신의 음성을 녹음한다.
- 과제 : 모국어로 문장의 수를 센다. 먼저 두 번째에 나오는 문장을 센다. '두 번째 문장'이라고 말한다. 다시 첫 번째 문장부터 세서 일곱 번째 문장에 이르면 '일곱 번째 문장'이라고 말한다, 그 다음은 다섯 번째 문장을 세도록 한다. '다섯 번째 문장'이라고 말한다. 모두 끝났으면 다시 두 번째 문장부터 세기 시작해 텍스트가 끝날 때까지 반복한다(두 번째–일곱 번째–다섯 번째 문장 순으로 말한다). 바르게 헤아릴 수 있을 때까지 계속 반복한다. 이 테스트를 무사히 마쳤다면, 다음으로 넘어간다.

두 번째 테스트 : 주의를 분산시킬 수 있는 능력 테스트
- 외국어 텍스트가 녹음된 테이프와 이 텍스트의 번역문을 준비한다. 녹음을 들으며 번역문을 따라 읽는다. 난이도를 높여서, 번역된 문장을 순서대로 읽지 말고 한 문장씩 건너 띄면서 읽는다.

두 가지 테스트를 성공적으로 마쳤다면 동시통역사가 될 소질이 있는 것이다. 그렇지만 타고난 재능이라 할지라도 꾸준히 개발해야만 빛을 발할 수 있다. 이와 함께 앞서 언급했던 필수적인 능력의 습득에도 힘써야 한다. 그런데 기술은 어떻게 습득해야 하는가. 전문적인 대학에조차 동시통역수업이 없는 현실을 생각해볼 때 충분히 제기될 수 있는 질문이다.

동시통역 연습방법

고대 그리스의 한 저명한 조각가가 제자들에게 이런 말을 했다. 상식적인 수준이긴 하지만 동시통역을 배우는 학생들에게도 같은 조언을 해줄 수 있겠다. "저는 여러분에게 가르칠 것이 아무 것도 없습니다. 조각칼을 올바르게 쥐는 방법을 보여드릴 테니 그 외는 여러분 스스로 터득하시기 바랍니다." 동시통역도 마찬가지이다. 훌륭한 동시통역사는 타고난 재능의 바탕 위에 훈련과 경험을 더해 만들어진다. 그렇다 하더라도 '조각칼 바로 쥐는 방법' 정도는 가르칠 수 있고 또 가르쳐야 한다고 생각한다.

쉬라예프[58])의 책을 보면 동시통역 기술 체득을 위한 적절한 연습 방법이 제시되어 있다. 3사관학교, 외무부 외교 아카데미, 모스크바 소재 고등교육기관에서 동시통역사 교육을 위해 이미 이 방법을 이용하였으며 지금도 이용될 것이다. 연습 방법은 다양하지만, 그 목적은 동일하다. 주의를 분산시키는 능력과 한 곳에 집중하는 능력을 향상시키는 것으로 레 카레가 고안한 요원 훈련 테스트와

---

58) 쉬라예프 A. F.(Ширяев А. Ф.), "동시통역" (모스크바, 1984)

본질적으로 유사하다. 훈련 테스트에 따르면, 요원들은 훈련 초기 2주 동안 동일한 레코드판을 계속해서 듣는다. 오래된 레코더로 녹음된 판이기 때문에 긁힌 자국이 있어서 판 튀는 소리가 마치 박자기처럼 반복되어 들린다. 이 훈련법은 예전에 있던 어떤 게임과 비슷하다. 소음이 들려 산만한 가운데, 기억을 요하는 사항이 어렴풋이 암시된다. 대화를 나누면서 점점 답에 근접해가고 서로 의견을 교환하며 답을 맞춰나간다. 이것이 그 게임 방식이었다. 이와 마찬가지로 요원 훈련을 위한 레코드판에는 세 명이 대화를 나누는 소리가 녹음되어 있다. 여자 한 명에 남자 두 명. 이따금 다른 사람의 목소리가 대화에 끼어든다. 첫 번째 판에서 여자의 목소리가 들린다. 물품 목록으로 시작해서 다양한 사물을 … 2파운드, … 1킬로그램 하는 식으로 빠르게 열거한다. 다음은 색깔이 있는 볼링공을 나열한다. 초록색 공 몇 개와 노란색 공 몇 개, 그리고 무기로 넘어가서 대포, 어뢰, 탄약, (총포의) 구경 등을 열거하고 마지막으로 공장의 수, 생산성, 폐기물의 양 등을 계속 나열한다.[59] 그리고 나서 요원은 내용과 관련된 질문을 받는다. "달걀을 몇 개 구입했습니까? 초록색 볼링공은 모두 몇 개였습니까?"

    동시통역 연습용으로 이와 유사한 책을 구하기는 쉽지 않을 것이다. 그렇지만 비슷한 조건을 조성할 수는 있다. CNN이나 Euronews 등의 뉴스를 꾸준히 들으면서 중요한 정보를 기억에 담는 것이다. 종이에 적어도 좋다. 예를 들면 이라크-레이더 폭격, 보스니아-세르비아계 인질 석방이라고 메모한다. 이 때 내용을 순서대로 기록하되 도착어를 쓰도록 한다. 약어와 화살표 등으로 자신만의 상징적인 기호를 만들어 활용한다. 이러한 노트테이킹(note-taking) 기술은 동

---

[59] Carre J. le. The looking glass war.-New York: Ballantine Books.

시통역뿐 아니라 긴 텍스트의 순차통역에서도 유용하게 쓰인다.

위에서 제시한 동시통역 연습방법은 동시통역이 가진 특성에 초점을 맞추었다. 그러므로 앞 장에서 간략하게 다룬 동시통역의 특성을 좀 더 자세하게 살펴볼 필요가 있다.

동시통역시 대응어의 선택

동시통역은 보통 몇 개의 단어를 듣고 난 후 시작한다. 길게 들을 경우 따라가기 힘들 정도로 뒤쳐질 위험이 있다. 동시통역사는 대개 통사 구조나 논리적 의미가 끊어지기를 기다려 통역을 한다.[60] 따라서 문맥에 의존하기 보다는 상황과 배경 및 주제지식을 참고한다. 그리고 합의를 거쳐 만들어진 사전상의 단어 중 적당한 대응어를 선택한다.

지금까지 살펴 본 내용을 바탕으로 훌륭한 동시통역을 위한 필수 조건을 규정해 보면,

❶ 가능한 광범위하고 보편적인 대응어를 알아두어야 한다.
❷ 일반적인 배경지식 및 주제지식을 쌓는다.
❸ 상황을 제대로 파악하여 올바르게 이용한다.

---

[60] 여기서 짚고 넘어가야 할 점이 있다. 엄밀히 말해 동시통역은 동시에 이루어지지 않는다. 두세 단어 뒤에서 따라가게 된다. 다만 통역이 시작될 때는 예외다. 이 때 통역사는 초반 몇 단어를 듣기만 한다.

대응어 선택의 어려움-관용적 표현, 상이한 언어 구조

사실, 대응 용어를 올바로 선택하는 것은 그리 어렵지 않다. 만일 통역의 주제를 인지하고 있다면 은행 업무에 관한 세미나에서 'default'를 '태만'으로, 컴퓨터 관련 회의에서 '디폴트'로 통역하지는 않을 것이다. 일반적인 생각과는 달리 동시통역에 있어 가장 큰 애로점은 전문용어 및 표현이 아니라 관용적 표현과 일반적으로 통용되는 몇 가지 언어 구조이다. 왜냐하면 바로 이 단계에서 러시아어와 영어의 발화가 가장 상이하게 나타나기 때문이다.

앞 장에서 이러한 차이점에 대해 예시한 바 있지만 몇 가지 예문을 더 들어볼까 한다. 'обсудим в рабочем порядке[61] 그 때 가서 논의합시다.'를 영어로, 'first come, first served'를 러시아어로 통역하되 직역을 피하려면 뭐라고 해야 할까? 'last but not least'에 나타나는 두운을 어떻게 전달해야 할까? 필자라면 'first come, first served'를 '선착순으로'라고 통역할 것이다. '그 때가서 논의 합시다'의 경우 러시아어를 하는 미국인이 'shall discuss when it comes to it'라는 표현이 어떠냐고 제안했지만 그 역시 영어식 표현은 아니라고 덧붙였다. 'last but not least'를 생각해 보자면 'и последнее, что тоже немаловажно 마지막, 그렇지만 중요한'이 필자가 낼 수 있는 최선의 안이다. 물론 이것은 필자의 의견일 뿐이다. 더 어울리는 표현이 있을 수도 있다. 하지만 'в рабочем порядке'를 'in the working order'로 직역하는 것은 곤란하다. 아무도 그 뜻을 이해하지 못할 것이다. 오역을 방지하기 위해 통역사는 어휘의 뜻을 미리 알아두어야 한다. 특히 일상회화에서 이러한 엉뚱한 연결이 자주 발견

---

61) 역주. 직역하면 '일을 하면서 논의 합시다'.

된다. 또한 러시아어 표현은 명사 위주로 이루어지지만 영어에서는 동사를 많이 쓴다. 어느 건물 안 승강기에 다음과 같은 안내문이 붙어있었다. 'Вызывайте лифт **нажатием кнопок легким касанием** 가벼운 접촉으로 버튼을 누름으로써 승강기를 호출하십시오.' 영어로 직역을 하면 사람들이 이상해 할 것이 분명하다.

대응어 선택의 어려움-속어 표현

유엔의 규정에 따르면 동시통역사는 모국어로 통역을 해야 한다. 하지만 규정이란 것이 으레 그러하듯 잘 지켜지지 않는다. 영어로 통역을 하려면, 서로 어울리지 않는 두 가지 요소, 즉 러시아 연사의 관료적 러시아어와 우리가 잘 알지 못하는 영어의 수사적 표현을 조화롭게 연결해야 한다. 그런데 연사가 은어나 속어를 사용하면 도착어가 모국어일지라도 통역하기 힘들다. 은어를 은어로 속어를 속어로 옮기려고 혹은 표준 어휘가 아닌 것을 일반 어휘로 대체하려 애쓸수록 통역은 더욱 어려워진다. 전자의 경우, 대응 어휘를 찾기가 매우 힘들다. 젊은이들 사이의 속어 혹은 전문 집단의 은어를 외국어와 모국어 쌍으로 만든다고 생각해 보라. 'cool'이 '쌈박한', '제법인'이 아니라 '죽이는'의 뜻이라고 단정 지을 수도 'piece'는 '권총'이지, '총신'이 아니라고 확신할 수도 없다. 게다가 모든 사람이 은어를 아는 것도 아니고 설령 안다 하더라도 서로 다른 의미로 받아들이곤 한다. 그러므로 대중 앞에서는 이를 사용하지 않는 것이 현명하다.

그럼에도 불구하고 사람들은 여러 가지 이유에서 속어, 은어를 사용한다. 충분히 의사 전달이 된다고 여기거나, 은어 사용이 흥미를 유발한다고 생각한다. 이 경우 우선 출발어에서 적당하지 못한 어휘를 일반어로 바꾸고 나서 통역을 해야 하므로 추가적인 노력이 요구된다. 다른 요인만으로도 충분히 어려운 동시통역과정이 더욱 복잡해진다. 사례를 살펴보자.

우크라이나 의회의 여성 의원이 발언을 통해, 자신이 이 법안을 위원회에 어떻게 'протолкнуть 밀어 넣었는지' 설명하였다. 그리고 그 과정에서 또 다른 위원회가 자신에게 'наехать 덤벼들어' 'пытаться выкрутить руки[62] 팔을 비틀려 하였다'고 발언하였다. 어떻게 통역하는 것이 적절할까? '밀어 넣다'는 'pushed through'로 옮긴다고 해도 '덤벼들다'와 '팔을 비틀다'는 무엇이라고 통역해야 할까? 'assaulted and started twisting arms'라고 직역해도 무방한가? 직역할 경우, 외국인들이 의미를 잘못 이해하거나 우크라이나 의회에서 여성 의원을 대하는 태도에 대해 그릇된 인식을 갖게 될 가능성이 있다. 그러므로 먼저 이러한 표현들을 일반적인 어휘로 바꾸고 영어로 통역해야 한다. 물론 간단치 않은 작업이다. '덤벼들다'의 의미가 무엇인가? '물리적인 압력을 이용해 돈을 요구하다'는 뜻은 아닐 것이다. 의회 위원회가 동료 의원을 그렇게 심하게 대했을 리 없다. 그저 법안을 공정하지 않은 방법으로 비난했거나 반대했을 것이다. 따라서 들리는 그대로 통역을 해서는 안 된다. 아쉽게도 연사가 염두에 둔 바를 추측할 정도의 시간이 동시통역에서는 절대적으로 부족하지만, 이렇게 일반적인 어휘로 바꾸어 주는 것 이외에는 특별한 대안이 없다. 동시통역사가 '가능한 폭넓고 보편적인 대응어'를 익히는 것이 얼마나 중요한지 다시 한 번 확인되는 순간이

---

[62] 역주. 관용적인 표현으로 '방해하다', '못하게 만들다'라는 의미를 가진다.

다. 통역사는 사전을 뒤져 찾아낸 혹은 외국인의 말에서 끌어낸 적절한 표현을, 입에 붙어 자동적으로 나올 때까지 연습해야 한다. 지속적으로 노력하며 준비해야 한다.

동시통역의 유형-장식적(decorative) 통역

배경지식과 상황을 정확히 파악하여 활용하는 능력에 대해 생각해보자. 필자는 동시통역을 두 종류로 구분한다.

첫 번째 유형은 소위 장식적 통역이다. 과학기술, 정치 등을 주제로 하는 대다수 회의의 통역이 이에 속한다. 통역사로 때로는 참석자로 수년 간 이런 회의를 겪어보고 내린 결론은 이런 회의의 경우, 청중이 통역을 거의 듣지 않는다는 것이다. 두세 명의 대학원생이 영어 실력을 키워보고자 듣는 경우는 있어도 말이다. 또한 발표문이나 요약문을 인쇄하여 배포하기 마련이므로 참석자 입장에서는 통역에 의존할 필요가 없다. 필자도 논문을 여러 번 내보아 알지만, 논문을 발표하지 않는 학자들은 대개 휴식 시간에 사교활동을 하기 위해 회의에 참석한다. 그렇다고 회의 통역은 대충해도 된다거나 아예 필요조차 없다는 것은 아니다. 이것도 동시통역의 특성 중 하나이다. 독백 스타일로 진행되는 동시통역이다.

첫 번째 연사가 나와 발표를 한다. 그러면 통역사가 통역을 한다. 그리고 두 번째, 세 번째 발표가 계속 이어지는 데 연사가 질문을 받게 되는 경우는 거의 없다. 발표 시간은 보통 30~40분 정도이며, 가끔은 통역사에게 원고가 주어진다. 연설은 상당히 빠른 편이며 시작부의 속도가 끝까지 일정하게 유지된다. 그리고 통역사도 그

속도에 적응해간다. 이런 회의의 동시통역은 80%정도 옮기면 훌륭한 수준이다. 장식적 동시통역은 청중과 거의 관계없이 이루어지므로 통역의 평가는 오로지 통역사 자신만이 내릴 수 있다. 그러므로 스스로 노력하는 자세가 더욱 중요하다. 바로 이것이 장식적 통역의 가장 뚜렷한 특징이다. 청중은 통역이 잘 됐는지에 관심이 없다.

동시통역의 유형-대화형(dialogical) 통역

세미나, 실무 협상, 소위 원탁회의의 동시통역은 앞서 다룬 회의 통역과는 차이를 보인다. 기자 회견 통역도 바로 이 부류에 속한다. 20~30명의 참석자 사이에 끊임없이 대화가 오가고, 통역에 대한 평가도 즉각적이다. 통역이 부정확하면 대화가 끊기고 청중은 서로의 말을 이해하지 못한다. 이런 자리에서 통역사는 보다 많은 정보를 정확하고 이해할 수 있게 전달해야 한다. '건강은 신체의 침묵'이란 독일 격언이 있다. 건강할 때는 몸에 대해 잊고 지낸다는 뜻이다. 동시통역도 마찬가지이다. 좋은 통역이란 없는 듯한 것이다. 사람들이 통역사의 존재를 잠시 잊고 대화에 빠져들게 하는 것이다. 자유 토론, 과제 검증을 위한 강연, 감독기관에 대한 보고, 이를 테면 정부가 IMF에 차관이용 상황을 보고하는 자리에서 요구하는 것이 바로 '없는 듯한 통역'이다. 필자가 동시통역을 맡았던 세미나 몇 개를 예로 들어보겠다. 이름만 들어도 정확한 정보 전달을 필요로 한다는 사실을 알아챌 수 있다. '특허 관련문서 작성 원칙에 관한 세미나'의 경우, 변리사를 대상으로 한 미국 특허 출원방법 강의였기 때문에 강사는 예제를 주고 끝없이 이어지는 질문에 답을 하였으며 용어를 정리해 나갔다. '투자법 모델 개발을 위한 세미나'는 20개국 대표가 모인 자리로 법안, 법적 정의, 법률 용어에 대한 제안과 토론이 이루어졌다. 'Oracle 응용프로그램 사용자 세미나'에는 회사 관계자 강연, 프로그램 패키지 사용 연습 시간이 있었는데, 청중은 강연을 들으며 "현재 창에서 저장용량이 이 정도일 때 1일 필요용량을 어떻게 계산할 수 있는가"와 같은 질문을 던졌다. 이런 세미나의 통역은 구체적이어야 한다. 모든 이가 통역을 주의 깊게 들으며 메모를 하고 그리고 통역에 나오는 대로 즉, 연사의 말대로 행동한다. 장식형 통역이 이루어지는 '젊은 정치인 모임'이나 '사회 민주화에서의 노조의 역할'에 대해 논의하는 행사와 확연히 구분된다.

    살펴본 바와 같이 동시통역의 모습은 다양하다. 그러나 어떤 유형의 통역이든 사전에 주제지식을 숙지하면 훨씬 수월해진다. 대화형(dialogical) 동시통역이 요구하는 주제지식은 장식적(decorative) 통역을 무사히 마치는 데 필요한 지식과 용어와는 비교할 수 없을 만큼 수준이 높다. 자유토론을 통역하려면 주제를 철저히 연구해야만 한다. 실례로 필자는 'Oracle 시스템 세미나'를 동료 통역사와 함께 일주일에 걸쳐 준비했다. 내용을 하나하나 꼼꼼히 정리했기 때문이다.

동시통역의 실례 분석

    앞서 지적했듯이 동시통역사는 다음 사항에 근거하여 대응어를 선택한다.

- 사전적으로 합의된 일반적 언어지식
- 세부 맥락
- 배경지식
- 주제지식

'patents and other industrial property titles and their licensing'이라는 보고서의 일부를 발췌하였다. 이 부분의 동시통역을 따라가며 대응어 선택 과정을 들여다보자. 단어 선택이 명확히 이루어지는 극히 일부분에서만 추적이 가능하다. 기본적으로 통역사는 말로는 설명하기 힘든 직관에 의존하여 대응어를 선택한다.

보고서의 일부분이다.

"When technology is to be used in cooperation with a third party, whether in the form of a license, as it is the main aspect of this paper, or by merger or by taking capital investment of a third party into the company owning the technology, it is of tremendous importance to determine the value of patents and other intangible assets, in the following designated as intellectual property rights (IPR), belonging to the respective entity."

발췌 부분의 동시통역이다.

"Когда технология применяется совместно с третьей стороной, либо в форме лицензии, как в этом докладе, либо путем слияния или же вложения капитала третьей стороны в фирму, владеющую технологией, чрезвычайно важно определить стоимость патентов и прочих нематериальных активов, что в дальнейшем мы будем называть правами на интеллектуальную собственность, принадлежащими данному субъекту."

"제3자와 공동으로 기술을 이용할 때면, 본 보고서에서와 같이 라이센스 형태이든 합병이나 제3자로부터의 자본투자에 의해서든 다음 사항을 중요하게 고려해야 한다. 특허나 무형자산의 가치를 정하는 것이 중요한데 지금부터는 이를 지적재산권이라 부르겠다. 이 권리는 개별 주체가 소유하고 있다."63)

통역사가 기본 용어 대신 사전에 선택하여 암기한 표현을 사용하였음을 우선 지적할 수 있다. 'merger'를 '합병 слияние'으로 'intangible assets'를 '무형자산 нематериальные активы', 'entity'를 '(법률)주체 субъект'로 옮긴 것이 그 예이다. 이와 함께, 단어를 다른 각도에서 바라보고 틀에 박힌 대응어를 구조나 문체에 더 맞는 표현으로 바꾸었다. 예를 들어, 'capital investment'는 일반적으로 '투자'로 통역하지만 위에서는 '자본투자 вложение капитала'로 대체하였다. 동시통역에서 보통 '협력하여'로 옮기는 'in cooperation'도 '공동으로 совместно'라는 표현으로 고쳤다.

통역에는 부정확한 부분도 있었다. 'when technology is to be used'는 '기술을 이용할 때면 когда технология применяется'보다는 '기술을 이용하려 할 때면 когда технологию предполагается применять'이라고 해야 적절할 것이다. 'as it is the main aspect of this paper'도 '본 보고서에서와 같이 в этом докладе'보다는 '본 보고서에서

---

63) 역주. 러시아어 표현을 고려하여 영어에서 한국어로 직접 번역하였다. 동시통역 상황을 가정한 번역물이다.

중요하게 다루는 что является основной темой настоящего доклада'이라고 표현하는 것이 옳을 것이다. 필자는 통역사가 의도적으로 이렇게 통역했다고 생각한다. 의미의 왜곡은 최소화하면서 문장 구조를 간소화 즉 압축하기 위함이었을 것이다. 같은 이유로, 문장이 어색해짐에도 불구하고 'by merger or by taking capital investment of a third into the company'를 '제3자와의 합병이나 제3자로부터의 자본투자에 의해서든 путем слияния с фирмой третьей стороны или вложения капитала третьей стороны'이라고 하지 않고 '합병이나 제3자로부터의 자본투자에 의해서든 путем слияния и вложения капитала третьей стороны'이라고 통역하였다.

동시통역의 평가

예문의 분석을 통해 통역사의 결정과 그에 따른 문장의 부정확성 및 어색함을 지적했다. 그렇다면 위의 통역 자체의 수준은 어떠한가? 일반적으로 통역 결과를 어떻게 평가하는가? 우선 통역사가 의사소통 임무를 어느 정도 수행했는지 점검한다. 즉 청중이 연사를 제대로 이해했는지 살핀다. 내용상의 부정확성이나 일관적이지 못한 문체, 통사적인 실수가 원문의 큰 줄기를 왜곡하지 않는다면 만족스런 통역이라고 볼 수 있다. 앞서 들었던 예도 이 기준에 부합하기 때문에 괜찮은 통역이라 평하겠다.

제5장 동시통역　141

동시통역 부스

 동시통역에 대한 짧은 설명을 마치기 전에 동시통역의 기술적 측면을 잠시 살펴보겠다. 아직 동시통역 경험이 없는 새내기 통역사들에게 유용한 정보가 될 것이다. 동시통역사는 방음 설비가 된 특별한 장소에서 통역을 한다. 원래부터 회의장으로 만들어진 곳이라면, 제어판이 달린 책상과 두 개의 의자가 놓인 작은 방이 동시통역사를 위한 공간이다. 작은 회의장의 통역 부스는 통역사가 연사와 홀의 모습을 볼 수 있도록 바닥보다 높게 설계되어 있고 커다란 유리로 둘러싸여 있다. 회의장이 클 경우엔 TV 모니터를 설치하여 연사를 볼 수 있도록 한다. **연사를 눈으로 보는 것은 특히 심리적인 측면에서 매우 중요하다.** 연사를 볼 수 없으면 통역하기가 더욱 힘들어진다. 그런데 안타깝게도 종종 이런 경우가 발생한다. 일시적으로 쓰이는 회의장에는 임시로 창이 달린 통역 공간, 즉 부스를 마련한다. 부분 방음이 되는 부스에는 마찬가지로 제어판이 있는 책상과 두 개의 의자가 놓인다. 제어판에는 마이크 스위치(왼쪽-오른쪽 마이크), 마이크 켜는 버튼 2개, 헤드폰 볼륨 조절기 2개가 있다. 시스템에 따라 언어채널 스위치가 있는 경우도 있는 데, 1번 채널은 러시아어, 2번은 영어 이런 식이므로 통역사가 할 일이 늘어난다. 제어판에 헤드폰 2개가 연결되며 가끔 마이크 달린 헤드폰이 활용된다.

 어떤 경우에는 유감스럽게도 부스 없이 방음이 좀 되는 두꺼운 헤드폰을 끼고 통역을 해야 한다. 이러한 조건에서는 통역이 상당히 어려워지는데, 그 이유는 방음이 완벽하지 못한 탓에 통역사가 자신의 목소리의 방해를 받지 않기 위해서 그 크기에 신경을 써야 하기 때문이다. 이는 집중력을 떨어뜨리는 추가적인 자극요인이다. 이러한 조건에서 일을 하는 사람은 러시아 통역사뿐이다. 우리는 아직까지도 정부 관리와 통역 에이전트에게 우리의 근무 원칙을 지켜 달라 요구하지 못하고 있다. 스스로 나서지 못하면서 열악한 환경을 누구의 탓으로 돌릴 수 있겠는가.

　동시통역시에는 부스에 반드시 두 명의 통역사가 있어야 한다. 한 명은 연사를 통역하고 다른 한 명은 통역을 들으며 보조자 역할을 한다. 예를 들어 수치, 명칭, 인명 등을 적어준다. 문제가 생기지 않도록 모든 방법을 동원하여 파트너를 돕는다. 이 때 세 번째 통역사는 휴식을 취한다. 그러므로 동시통역을 위해서는 적어도 세 명의 통역사가 필요하다. 통역사는 10~15분마다 교대해야 한다. 근로보호기준에 따라 15분 이상 계속하여 통역해서는 안 되며 휴식 시간은 30분이 넘어야 한다. 통역사는 반드시 다음과 같은 방법으로 교대해야 한다. 첫 번째 통역사가 15분이 넘지 않게 통역을 한다. 이 때 두 번째 통역사는 보조한다. 두 번째 통역사가 마이크를 넘겨받으면 첫 번째 통역사가 보조한다. 몇 초 뒤 세 번째 통역사가 보조 역할을 맡고 첫 번째 통역사는 휴식을 취한다. 그러나 이것은 이론일 뿐이다. 요즘에도 동시통역은 대개 2명이 한다. 한 명은 통역하고 다른 한 명은 쉰다. 통역은 20, 30분씩 이어진다. 우리만 이런 식이다. 이런 경우 외국이라면 당장 파업에 들어갈 것이다. 외국 사람들은 자신을 존중한다. 그리고 자신의 직업을 존중해줄 것을 요구한다. 우리 나라에서 이러한 직업적 긍지를 가질 수 있는 사람은 주부들을 쩔쩔매게 만드는 화장실 수리공 정도일 것이다. 스스로 고칠 각오를 하지 않는 이상 수리공에게는 한 마디 불평도 하지 못하게 마련이다.

순차통역의 규칙

    이웃의 부탁으로 약품 설명서를 해석해주는 일부터 2시간 동안의 강연을 통역하거나 정상회담에서 대통령의 농담을 통역하는 일까지 모두 순차통역에 속한다. 순차 통역의 특징은 무엇인가? 2분 정도의 연설을 기억하여 통역하기 위해 통역사는 어떤 방법을 이용하는가? 연사의 말을 중단시켜도 괜찮은가? '위스퍼링 통역'은 무엇인가?

순차통역이란

　순차통역은 전문 통역사가 일상적으로 하는 일이다. 동시통역과 달리 출발어 텍스트를 듣고 나서 통역을 하기 때문에 순차통역이라 불린다. 주로 글이 아닌 말을 통역하지만 글을 가지고 통역하는 경우도 종종 있다. 이 경우 우선 글을 속으로 읽고 다음에 통역을 한다. 순차통역의 일종으로 '문장구역'이라 부른다.

　예문을 보면서 순차통역의 특성, 동시통역이나 번역과 다른 점을 생각해 보자. 가장 접하기 쉽고 일반적인 순차통역 상황으로부터 시작하는 것이 좋겠다. 예를 들어 이웃이 찾아와 외국 약품의 설명서를 읽어 달라고 부탁한다. 무엇이 알고 싶은 걸까? 약을 언제, 어떻게 먹어야 하는지, 복용량은 얼마인지, 부작용은 없는 지 묻는 것이다. 어쩌면 무슨 약인지 궁금해 할 수도 있다. 그렇지만 의사가 처방을 내렸다면 어떤 병에 쓰이는 약인지 이미 설명했을 것이므로 그럴 가능성은 희박하다.

　얼마 전 한 기업체에 들렀을 때 일이다. 상사 한 명이 종이 한 장을 들고 갑자기 달려와 통역사에게 말했다. "빨리 읽어봐 주게." 통역사가 속으로 읽기 시작했다. 채 다 읽기도 전에 상사가 재촉하며 물었다. "준다고 하는가?" 통역사가 "25만 준답니다."라고 대답하자 상사는 만족하여 돌아갔다. 통역을 제대로 듣지 않는 사장님과 함께 일을 한 적이 있다. 상담 중에, 사장님이 통역을 끊으며 필자에게 말했다. "이 친구들, 순 쓸데없는 말이군! 맘에 안 들어! 이런 말 좀 저쪽에 해주게." 통역사 생활을 오래 하다보니 다양한 사람을 만나게 된다. 어떤 사장님은 필자의 통역이 부족하다고 여겼는지 항상 이렇게 묻곤 했다. "이 얘긴 없었나? 없었다고? 그럼 이건?"

언젠가 IMF 대표단에게 정부 관계자가 차관 이용에 관한 보고를 하는 자리의 통역을 맡았다. 관계자의 설명을 잠시 듣던 대표단장이 통역을 기다리지 못하고 말했다. "This is all blah-blah. Ask him how much." 그리고는 서투른 우리말로 덧붙였다. "수치, 수치. 올마?" 이 모든 것이 순차통역이다.

순차통역의 특성

앞서 제시한 예문에서 보았듯이, 순차통역은 번역이나 장식적 동시통역과는 달리 언제나 통역을 듣는 구체적 대상과의 긴밀한 상호관계 속에서 이루어지며 대상이 원하는 바에 따라 그 내용을 선택한다. 물론 강연이나 보고와 같이 구체적 대상의 이해관계와 상관없는 순차통역도 가끔 있다. 그러나 이 때 역시 통역은 구체적 그룹과 연관을 맺고 있으며 이들과의 상호작용이 꾸준히 이루어진다. 내용을 누락하거나 다르게 통역하면 청중으로부터 당장에 반응이 나타난다. 순차통역은 또한 원문의 모든 것을 그대로 전달하지 않는다. 그 이유는 첫째, 평범한 사람은 물론이고, 기억력이 비상한 소수의 전설적인 통역사들조차 긴 연설문을 전부 상세하게 외우지는 못한다. 둘째, 앞서 지적했듯이 순차통역은 주로 구상법에 의해 이루어진다. 다시 말해, 단어 대 단어로 출발어 텍스트를 변환하는 것이 아니라 어느 정도 자유롭게 해석을 한다. 이것이 순차통역의 특성이며 그렇기 때문에 원문과의 차이가 생겨난다.

순차통역의 특징을 설명하는 가장 편리한 방법은 커뮤니케이션 체계를 이용하는 것이다. 통역 과정에서 발신자, 통번역사, 수신자

(독자, 청중)의 지식 체계인 시소러스가 서로 연결된다(그림 5 참조). 통번역 종류에 상관없이, 이 세 가지 체계의 조화는 필수적이다. 특히 순차통역의 경우, 연사가 말한 모든 것을 그대로 옮기지 않아도, 시소러스가 일치하면 의사전달이 완벽하게 이루어진다.

시소러스와 의사전달

앞서 제시한 예문에 적용해 보면,

- 약에 대해 물어 본 사람은 복용 시간과 양을 알고자 했다(나머지는 그도 이미 알고 있다).
- 종이를 들고 달려온 회사원의 관심은 대출 규모였다(이런 종류의 편지 내용이 어떠할 것인지는 그도 이미 알고 있다).
- IMF 관계자가 알고 싶어 한 것은 수치였다(공무원이 느릿느릿하게 설명하는 내용에 대해선 익히 알고 있다).
- 필자와 함께 일한 사장님들에게는 자신만의 지식 체계가 있었다. 첫 번째로 언급한 사장님의 지식 시스템은 상대의 말을 들을 필요가 없을 정도로 본래부터 완벽했다. 두 번째 사장님의 지식 체계는 불완전했으나, 원래부터 통역에 없는 내용이었기 때문에 통역사가 채워줄 수 없었다.

위에서 보는 바와 같이, 연사가 말한 모든 것을 통역하지 않았음에도 의사전달이 완벽하게 이루어졌다. 그렇다면 내용을 전부 통역하지 않아도 무방하다는 의미인가? 경우에 따라 다르다.

전달 정보의 선택 : 논리-주제 구조

정보를 보존 혹은 형태를 변화시키거나 아예 제외하는 기준을 이해하는 데는 소위 '정보적 분절'에 대한 지식이 필요하다. 정보적 분절은 논리 커뮤니케이션상의 텍스트 구조이며, 텍스트는 **테마**(주제), **연결 요소**, **레마**(테마에 대한 설명)로 구성된다. 일반적으로 전 문장의 레마가 다음 문장의 테마가 된다. 즉 텍스트가 전개됨에 따라 소위 주제 전개가 일어난다. 예를 들어(테마는 밑에 줄이 그어진 것이고, 레마는 진한 고딕체로 되어 있다), <u>그가</u> **어제 도착했다**. 모두들 <u>그의 도착에</u> **기뻐했다**. 그러나 <u>기쁨은</u> **금세 사라졌다**. **기쁨이** <u>사라진 것은</u> **뜻밖의 소식 때문이었다**.64) 문법구조는 언어마다 상이하지만 논리-주제 구조는 통역을 거쳐도 거의 변하지 않는다. 그래서 순차통역시 통역사는 논리-주제 구조에 의지한다.

인터뷰 순차통역 내용을 예로 들어 분석해 보자.

- 오늘날 러시아 극장이 해결해야 하는 주된 문제는 무엇입니까?
- What do you think are the main problems of today's Russian theater?
- 글쎄요, 저는 러시아와 우크라이나, 벨라루시를 구별하지 않으려 합니다. 우리 슬라브계 국가는 하나의 극장 제국입니다. 러시아, 우크라이나, 벨라루시 만큼 세계 극장계에 영향을 주는 나라는 없습니다. 영국, 폴란드, 그루지야 연극 학교가 있지만 우리의 영향력이 가장 강합니다. 미국의 드라마 극장은 상대적으로 약합니다. 오늘날 모스크바 극장이 침체되고 정체되었다고 할 수는 없

---

64) 예시 참조. Вестник МПУ "언어학" 시리즈(1999, 2호) 중 이프신(Ившин В. Д.), "텍스트, 그 기능 및 의미론, 그리고 커뮤니케이션 문장성분".

을 겁니다.
- I wouldn't distinguish between Russian, Ukrainian, Byelorussian. Slavonic countries are one theater empire. No other country has such influence on the world theater as have Russia, Ukraine, and Byelorussia. There are English, Polish and Georgian schools but ours is the most influential. Americans have weaker drama theaters... I would not say that Moscow theaters today are dull or dead.
- 그렇지만 극장 비평가의 글을 보면 극장이 결코 전성기에 있지는 않은 듯한 인상을 받게 됩니다.
- But according to certain theatrical critics the theaters are hardly prospering nowadays.
- 비평가 전성기인지 아닌지 판단할 자격이 있다고 누가 그러던 가요? 누가 연극의 좋고 나쁨을 평가할 권리를 주었습니까? 예술작품을 미터, 킬로그램으로 잴 수 있는 사람도 있습니까? 비평가 중에는 성공을 아주 싫어하는 사람도 있습니다. 극장이 반쯤 비어야 제대로 돌아간다고 여기니까요. 이건 말도 안 됩니다. 지나친 결벽입니다. 이 사람들은 자신만이 극장을 안다고 여깁니다. 성공, 명쾌함은 이들을 화나게 만듭니다. 이 사람들은 성적으로 규정되길 원치 않습니다. 그래서 남성인지 여성인지 모를 때가 있습니다. 이들은 말합니다. "연극에서 제일 중요한 건 사랑이지. 난 그게 사랑이라는 걸 느낌으로 알아. 날 믿어봐." 전 정말 참을 수 없습니다.
- Who gave them this right to judge – the best, the worst? Good performance, bad performance? Who knows those meters and kilos to measure the value of a piece of art? Some critics hate success. They think that everything that is real art is performed in a half-vacant house. This is really absurd, art for art's sake. They

seem to think that only they know what theater is. They get irritated when they see success and stability. They prefer sexual indeterminacy. When you cannot say if it's a man or a woman. They say: The most important thing in a performance is love. I feel it is love, believe me. I detest it!

인터뷰 원문의 일부와 순차통역안의 주요 테마, 레마가 아래 제시되어 있다(표 2).

표 2

테 마	레 마
1	2
러시아 극장	주된 문제
Russian theater	main problems
러시아와 우크라이나, 벨라루시	구별하지 않으려 합니다
Russian, Ukrainian, Byelorussian	I wouldn't distinguish
슬라브계 국가	하나의 극장 제국
Slavonic countries	one theater empire
러시아, 우크라이나, 벨라루시	세계 극장계에 영향을 주는
Russia, Ukraine, and Byelorussia	influence on the world theater
영국, 폴란드, 그루지야 연극 학교	우리의 영향력이 가장 강합니다
English, Polish and Georgian schools	ours is the most influential
미국의	드라마 극장은 상대적으로 약합니다
Americans	weaker drama theaters
모스크바 극장	침체되고 정체되었다고 할 수는 없을 겁니다
Moscow theaters	I would not say that are dull or dead
극장	결코 전성기에 있지는 않은 듯한
theaters	are hardly prospering

테 마	레 마
1	2
누가	판단할 자격이 있다고 ~ 그러던가요
Who	gave this right to judge
사람도	미터, 킬로그램으로 ~ 있습니까
Who	knows meters and kilos
비평가	성공을 아주 싫어하는
critics	hate success
제대로 돌아간다고	극장이 반쯤 비어야
Everything that is real art	is performed in a half-vacant house
이건	말도 안 됩니다, 지나친 결벽입니다
this	is absurd, art for art's sake
이 사람들	극장을 안다
they	know what theater is
성공, 명쾌함	이들을 화나게 만듭니다
success and stability	they get irritated
이 사람들은	성적으로 규정되길 원치 않습니다
they	prefer sexual indeterminacy
남성인지 여성인지	모를 때가
a man or a woman	you cannot say
사랑	연극에서 제일 중요한 건
love	is the most important thing in a performance
난	그게 사랑이라는 걸 느낌으로 알아
I	feel it is love
전	참을 수 없습니다
I	detest it

원문, 번역에 대한 논리-주제 구조를 분석해보니, 순차통역을 하면서 통역사가 왜 이 구조에 의지하는지 분명해졌다. 언어의 다

른 면이 그러하듯 주된 테마, 레마를 선별하는 것이 다분히 주관적이고 통역사와 저자가 생각하는 논리-주제 구조가 다를 수 있지만, 설령 그렇더라도 이러한 구조를 고려하여 통역하면 기본적인 커뮤니케이션 과제의 수행은 어느 정도 보장 받을 수 있다.

논리-주제 구조 활용

원문과 통역의 정보가 논리-주제 구조에 전부 포함된 것은 아니다. 그렇지만 화자가 전달하려 한 기본적인 사항만큼은 확실히 들어있다. 표 2를 주의 깊게 읽어보면 표가 일종의 작은 보고서란 사실을 깨닫게 될 것이다. 논리-주제 구조 분석을 통해 내릴 수 있는 결론은,

첫째, 동시통역이 원문의 구조를 모방하며 주로 줄 단위로 전개된다면, 순차통역은 논리-주제 전개가 이루어지는 핵심 단계와 이의 보충 및 연결이 이루어지는 단계(삽입어, 평가어, 양상어, 한정어 등)로 구성된다. 예문의 첫 번째 문장을 보면, 우선 '극장-문제'의 테마-레마 구조가 형성된다. 그 주위로 '러시아', '주된', '오늘날'이라는 한정표현과 연결요소 '해결해야'('해결해야 하는 문제~')가 더해진다. '해결해야'는 약간의 변형이 가해져 '안고 있는'('what are…')의 뜻으로 통역되었다. 두 번째 문장의 삽입표현 '글쎄요'와 세 번째 문장의 한정어인 '우리'는 통역에서 생략되었으며 그 이후에도 비슷한 부분이 생략되었다. 원문에서 정보를 전달하던 여러 가지 요소가 통역에는 빠져있다. 그렇지만 핵심이 되는 논리-주제 구조 덕분에 중요한 커뮤니케이션 과제는 완수되었다.

필자가 제시한 순차통역 예문이 모범답안이라고는 결코 생각하지 않는다. 그렇지만 순차통역만이 지닌 텍스트 구조상의 특징은 명확히 보여주고 있다. 그리고 이를 통해 두 번째 결론을 내릴 수 있다. 순차통역에서 생략과 변형을 발견할 수도 있다. 그렇지만 동시통역에 존재하는 '논리적 허점'은 없다. 동시통역사는 정확히 듣지 못했거나 놓치는 등 여러 가지 이유에서 텍스트의 논리-주제 전개를 깨뜨리곤 한다. 하지만 순차통역사가 그러는 일은 거의 없다.

셋째, 순차통역을 준비하거나 통역 자리에서 노트테이킹 즉 메모를 할 때도 논리-주제 구조를 염두에 두어야 한다. 원문의 윤곽을 종이에 그려가며 순차통역 기술을 연마할 때는 앞서도 말했듯이 도착어를 사용해야 한다. 원문을 들으며, 통역사는 먼저 무엇이 어떻게 되었는지 테마와 레마를 메모해야 하며, 그 다음에 보충적인 한정표현을 덧붙인다.

노트테이킹 연습

영어로 통역하는 상황을 가정하여 노트테이킹을 연습해 보자.

"크림 공화국에서는 국가의 가사 공모를 계획하고 있다. 월요일 크림 국회 실무회의에서 의장은 가사 공모 공고안 국회통과를 위한 서류를 준비하도록 지시했다."

이런 식의 메모가 가능하다.

- 주 내용 : competition - verse - national anthem
  speaker - instructions to prepare documents
  presidium - decision on above
- 보충 : Monday, working meeting

이 정도면 원문의 주된 내용을 전달할 수 있다. 뻔하거나 기억하기 쉬운 사실은 굳이 노트테이킹 할 필요 없다. 장소가 크림이라는 것은 금방 외울 수 있는 사안이며 국회의장이 분명하므로 국회라고 덧붙일 이유가 없다. 또한 메모에 근거하여 통역을 할 때 원문 구조를 그대로 따라가는 대신 도착어의 문법 및 문체 규칙에 맞추어 새로이 문장을 만들 수도 있다. 이렇게 되면 커뮤니케이션 임무도 더욱 이상적으로 완수된다.

노트테이킹과 관련해서 순차통역사에게 조언을 해주고 싶다. 문장별로 통역하지 말고 화자가 자신의 논리를 끝마치도록 기다려주자. 통역을 염두에 두고 노트테이킹 하자. 그러면 연사를 모방하지 않고 자연스러운 도착어로 핵심을 정확히 전달하게 될 것이다. 그리고 훌륭한 통역사는 쓸모없는 말은 버린다. '그러니까', '저기', '~같다' 등 수없이 많다. 말을 조리 있게 못하는 연사라면 매끄럽게 나오는 통역을 듣고 적잖이 놀랄 것이다.

대응어 선택

이미 여러 번 지적했듯이 동일한 생각이라도 말하는 방식은 언어마다 상당히 다르다. 영어, 러시아어, 우크라이나어의 경우 그 정도가 심하다. 문체, 구조적 차이점도 있지만 가장 크게 작용하는 것은 문화적 배경의 차이다. 이러한 까닭에 우크라이나에서 우습기로 유명한 노래 'Ти ж мене підманула'도 영어로 직역하면 비극인 듯 들린다.

You have allured me,
You have betrayed me,
You are driving mad the young fellow!

순차통역을 할 때에는 지금까지 살펴본 순차통역의 특성을 고려해야 할 뿐 아니라 동시통역에서와 마찬가지로 다음 사항도 염두에 두어야 한다.

❶ 가능한 광범위하고 보편적인 대응어
❷ 맥락
❸ 최대한 완벽한 일반 배경지식 및 주제지식

그리고 상황을 제대로 파악하여 효과적으로 이용해야 한다.

맥락의 활용

누차 강조했듯이, 동시통역에서는 문맥을 이용하기 어렵다. 그래서 상황과 배경 및 주제지식에 근거하여 합의를 거쳐 만들어진 사전상의 단어 중 적당한 대응어를 선택해야 한다. 그러나 순차통역은 다르다. 순차통역의 중심에는 문맥이 있다. 문맥이 광범위하던 좁던 간에 바로 거기에 원문과 통역을 일치시킬 열쇠가 놓여있다. 그리고 열쇠는 통역사 스스로 찾아야 한다. 다음 예문을 보면 문맥의 중요성이 분명해질 것이다.

"The carrying of a very heavy weight such as a large suitcase or trunk, immediately before **sending practice**, renders the muscles of the forearm, wrist and fingers too insensitive to produce good **Morse**"[65]

"Если непосредственно перед **сеансом связи азбукой Морзе** вам придется нести что-нибудь тяжелое, например большой чемодан или дорожную сумку, мышцы предплечья, кисти и пальцев настолько потеряют чувствительность, что вы не сможете хорошо передать сообщение."

"교신 직전에 커다란 트렁크나 여행용 가방같이 무거운 것을 옮기면 팔꿈치, 손목, 손가락 근육의 감각이 없어져서 모르스 부호를 제대로 전달할 수 없다."

'Morse'라는 열쇠가 없었다면 어결함 'sending practice'의 뜻을 제대로 파악하지 못했을 것이고 당연히 텍스트의 의미도 이해하지 못했을 것이다.

---

65) Carre J. le. The looking Glass War. - New York: Ballantine Books.

배경 및 주제지식의 활용

실제 통역을 하면서 축적된 맥락적 지식이 없는 상황에서 순차통역을 준비한다면 우선 통역 주제에 대해 알아본 후 사전, 전문서적을 뒤져 관련 용어와 대응어를 파악해야 한다. 기본적으로 주제분야 전문서적을 참고하도록 한다. 사전에는 필요한 정보가 많지 않으며, 더 큰 문제는 사전의 용어 자체가 맥락과 별개라는 것이다.

이러한 작업은 반드시 꼼꼼하게 해야 한다. 용어를 직역한 대응어의 경우 그럴 듯해 보이지만 실은 틀린 경우가 많다. 몇 가지 예를 살펴보자. 지적재산 건에 관한 통역에서 'trade mark'는 '거래 마크 торговая марка'로 직역할 수도 있지만 정답은 '상표 торговый знак'이다. '실용신안 полезная модель'은 'useful model'이 아니라 'utility model'이며 '산업디자인 промышленный образец'[66]도 'industrial sample'이 아닌 'industrial design'이다. 비단 용어뿐만이 아니다. 누구나 알만한 보통 단어가 전문 분야에서는 전혀 다른 뜻으로 쓰이기도 한다. 분야마다 의미가 달라지는 것이다. 그렇다면 통역도 당연히 이를 따라가야 한다. 'compliance'를 예로 들어보자. 보통은 '~에 따라 соответствие'의 뜻으로 잘 알고 있을 것이다. 그렇지만 조세 분야에서는 '납세 уплата налогов'의 의미로 쓰이며('compliance level' - '납세율'), 법 관련해서는 '준법 соблюдение законов', 의학 분야라면 '의사 처방 따름 выполнение предписаний врача', '치료법 지킴 соблюдение режима лечения'을 뜻한다. 이 과정에서 사전은 별다른 도움이 되지 못한다. 그 정도로 상세하고 전문적인 사전은 흔치 않다. 그러므로 통역을 준비할 때에는 해당 전문분야의 텍스트

---

66) 역주. 러시아어 'образец'는 무역용어로 샘플이라는 뜻이다.

를 읽어야 한다. 출발어, 도착어 두 언어 자료를 모두 구한다면 바람직하겠지만 쉽지는 않은 일이다. 텍스트를 읽으면서 이해가 되지 않는 부분은 반드시 번역해서 메모해 두도록 한다.

일반적인 지식이 풍부하여 논리적 전개 능력을 발휘할 수 있다는 것이 순차통역에 있어 얼마나 중요한 지는 아무리 강조해도 지나치지 않다. 사실, 생각해보면 여러 가지 뜻으로 통역되는 'compliance'의 의미를 간단한 논리 사슬을 통해 밝혀낼 수 있다. '~에 따라'-'(법, 치료법) 준수'-'조세법 준수'-'납세'로 논리를 발전시키면 된다. 영어에서는 이 관계를 간단히 추적할 수 있다. 'compliance'가 모든 뜻을 포함하기 때문이다. 반면 러시아어에서는 관계가 겉으로 드러나지 않는다. 그러므로 찾아내는 것도 통역사의 몫이다.

어설픈 통역 사례-배경 및 주제지식 부족

황당한 작품을 감상하며 잠시 웃어보는 것도 좋겠다.[67] 이렇게 하면 지금까지 다룬 내용이 여러분의 기억에 더 오래 남을 것이다. 일반적인 상식이나 기본적 소양만 있었어도 하지 않았을 실수를 모아보았다.

    Georgian house : 그루지야 양식의 가옥 (실은 영국에 있다)
    Caucasian[68] : 카프카즈인 ('존슨 씨가 메인주 교외에 있는 자신의

---

[67] 원래는 출처를 밝힐까 했었다. 그런데 다시 생각해보니 안타까운 현실이지만 오늘날에는 드문 일도 아니다. 여러분 자신도 이런 걸작을 적잖이 만나게 될 것이다.

[68] 본 의미가 수록되지 않은 사전도 있으므로 설명을 덧붙일까 한다. Caucasian은

소유지에서 사체로 발견되었다.')
- Orthodox jews : 그리스 정교 유대인(알고 보니 파리의 어느 구역에 살고 있다)
- Secretary of State : 주(state)의 국무장관 (미국 대통령이 대외문제를 주국무장관과 상의할 리 만무하다)

이런 경우를 두고 하는 말이 있다. No comment!

통역사의 행동범위

연사의 말을 중단시키는 것은 바람직하지 않다. 본인의 말에 심취해 있는 연사를 만나 부득이하게 잘라야 할 때도 있지만, 어쨌든 좋지 않은 인상을 남긴다. 그러므로 연사에게 텔레파시라도 보내서 자신의 존재를 인식시켜야 한다. 눈짓이나 주위에서 눈치 채지 못할 정도의 제스처로 연사에게 그만 멈출 때임을 알리는 방법도 있다. 필요하다면 연사에게 재차 묻거나 확인할 수 있으며 당연히 그렇게 해야 한다. 연사와 직접적 의사소통이 가능한 순차통역이 주는 혜택이니 맘껏 누리기 바란다. 다만 너무 자주는 곤란하고 꼭 필요한 경우로 한정해야 한다. 통역사가 사전에 철저히 준비해서 전반적으로 매끄럽게 통역할 경우, 통역사가 가끔 연사에게 빠른 속도로 적절한 질문을 던지는 정도에는 청중도 호의적인 반응을 보일 것이다. 청중이 원하는 것이 바로 정확하고 알찬 통역이기 때문이다.

'백인'을 가리키는 미국의 법(정치) 전문용어다. 그래도 어쨌든 고민해서 답을 찾아냈어야 했다.

통역사의 목소리

처음부터 청중과 유대를 맺는 것이 좋다. 통역을 시작하기 전에 마이크를 사용하여 청중에게 몇 마디 건네 보자. 통역사임을 밝히고 소리가 잘 들리는지 물을 수도 있다. 이렇게 함으로써 청중이 통역사의 목소리에 집중하게 되고 차차 음성에 익숙해진다. 순차통역사에게 목소리는 상당히 중요하다. 분명하고 자신 있어야 하며 구석에까지 들려야 한다. 발성은 만만한 것이 아니다. 소리가 너무 크거나 작다고 느낀다면 훈련을 해보기를 권한다. 얼마 동안 '무대 발성'을 배워보는 것도 바람직하다. 제대로 된 발성은 듣는 사람뿐 아니라 본인을 위해서도 필요하다. 발성이 엉망이면 소리가 금방 가라앉고 말을 오래 하지 못한다.

위스퍼링 통역

순차통역 중에는 '위스퍼링 통역'이라 불리는 것이 있다. 통역을 듣는 사람의 뒤에 앉거나 서서 주위 사람들에 방해되지 않도록 조용히 거의 속삭이듯이 통역한다. 위스퍼링 통역은 동시통역에 비견될 정도로 매우 힘들다. 자신의 음성을 내내 살펴야 하므로 신경이 쓰여 통역에 완전히 집중할 수 없다. 개인적인 의견이지만 이런 통역을 할 때 통역사는 굴욕감을 느낀다. 그래서 필자는 위스퍼링 통역에 반대한다. 동시통역장비를 구할 여력이 없다면 그냥 정상적인 순차통역을 하면 될 일이다.

순차통역의 연사

　순차통역사는 대규모 청중 앞에 자주 서게 된다. 그래서 연극배우와 유사한 점이 많다. 무슨 옷을 입을 지, 어디에 서야 하는 지 아니면 앉아야 하는 지 고민해야 한다. 순차통역은 모국어, 외국어 모두를 도착어로 한다. 이점은 동시통역과도 같다. 한편 순차통역에는 동시통역에 비해 유리한 면이 있다. 통역사가 연사와 직접 대화를 나누는 것이다. 동시통역사는 통역을 할 때에야 비로소 연단 마이크 앞에 있는 연사를 보게 된다. 이와 달리, 순차통역사는 통역에 들어가기 전에 연사와 인사를 나눌 수 있다. 절대로 이 기회를 놓쳐서는 안 된다. 협상이나 보고, 강연이 시작되기 전에 연사와 꼭 대화를 나누도록 한다. 연사에게 다가가 통역사라고 자신을 소개하고 의문 나는 점을 묻는다. 없다면 이미 알고 있는 용어의 의미를 모르는 척 물어보거나 하다못해 날씨 이야기라도 꺼내도록 한다. 이렇게 하는 데는 여러 가지 이유가 있는데,
　첫째, 예의와 관심의 표현은 반드시 필요하다. 통역사가 연사를 돕고자 하는 뜻을 전할 수 있으며 외국인들은 이 점을 매우 좋게 생각한다. 무뚝뚝하게 구석에 앉아있지 말고 일어서서 연사에게 다가가자.
　둘째, 무척 중요한 이유인데, 통역사가 사전에 연사의 목소리, 말투, 속도를 접할 수 있다.
　셋째, 연사가 어느 정도에서 끊어 갈지 정하거나, '과속하지 않기'를 예의 바르게 부탁하기에 매우 적당한 자리이다. 이것도 꽤 중요한 이유라 하겠다.
　하지만 통역사 자신의 요구 사항을 강요해서는 안 된다. 먼저 연

사가 바라는 바를 귀담아 들어야 한다. 경험이 풍부한 연사라면 분명히 통역사가 원하는 방향으로 해 줄 것이다. 그러나 지나친 기대는 하지 않는 것이 좋다. 의도는 좋았으나 마음먹은 대로 되지 않는 경우도 있다는 것을 잊지 말아야 한다. 예상치 못한 상황에 대비해야 한다. 연사와 맺은 '신사협정'이 어느 순간 깨어질지 모르는 일이다.

　외국어를 도착어로 하는 순차통역에서는 연사와 이른바 역관계를 맺는 것이 무척 중요하다. 다시 말해, 외국 연사가 사용하는 표현을 순간적으로 잡아내어 이용할 수 있어야 한다. 예를 들어, 통역 초반에 'bureaucratic barriers'로 옮긴 '관료주의 장벽'을 외국 연사가 'red tape'라고 하면 바로 'red tape'로 고쳐 통역해야 한다.

7

번역
—창조로 향하는 길

 번역이 통역과 다른 점은 무엇인가? 과학기술번역이나 시·소설 등의 문학작품번역에는 어떤 방법과 기술이 쓰이는가? 기술번역이 문학번역보다 수월하다고 말할 수 있을까? 시를 번역하려면 먼저 시인이 되어야 한다. 그러면 의학서적을 번역하기 위해서는 반드시 의사가 되어야 하는가? 모국어에서 외국어로의 번역이 가능한가? 번역하기 어려운 말장난은 어떻게 옮겨야 하는가? 사전은 통번역사의 '복잡한 친구'[69]이다.

---

69) 역주. 러시아어에는 'ложные друзья 거짓친구'라는 표현이 있다. 이를테면 영어 단어 'magazine'와 러시아어 단어 'магазин(상점)'처럼 뿌리와 형태는 같지만 의미가 전혀 다른 경우를 가리킨다. 'сложные друзья 복잡한 친구'는 '거짓친구'를 응용한 표현이다.

번역사에 대한 환상

사전, 참고 서적, 백과사전이 빽빽이 꽂힌 책장으로 둘러싸인 책상에 한 사람이 앉아있다. 지적인 얼굴에서는 창작 의욕과 고상함이 느껴진다. 책상에는 책과 종이가 수북이 쌓여있고 만년필, 아마도 요즘 식으로 하면 컴퓨터가 앞에 놓여있을 것이다. 이것이 바로 우리가 상상하는 번역사의 모습이다. 보통 모국어로 가끔은 외국어로도 번역을 하며, 방은 고즈넉하고 커피 향으로 가득할 것이다.

우리가 그리는 평화롭고 한가로운 풍경과는 달리, 현실에서 번역사는 장소에 관계없이 일을 해야만 한다. 필자는 길거리, 장갑차 안에서 번역을 해 본 적이 있다. 늘 시간에 쫓기게 마련이며 참고 서적, 백과사전, 커피는 고사하고 사전조차 없을 때도 있다. 그렇지만 정신이 하나도 없는 동시통역이나 지속적인 긴장 상태에서 이루어지는 순차통역에 비한다면 번역은 부산함이나 초조함이 덜한 작업이다. 생각을 해보거나 사전을 뒤적일 여유도 있다.

번역의 특징 – 방법 및 기술

번역에 쓰이는 방법과, 기술이 무엇이며 이 점에 있어서 번역과 통역의 차이가 무엇인지 알아보자. 앞서와 마찬가지로, 직접 전환에서 해석에 이르는 변환 및 구상 모델, 그리고 커뮤니케이션 체계에 기초하여 두 과정을 비교할 것이다. 이러한 접근법을 번역에 적용하였더니 몇 가지 흥미로운 사실이 밝혀졌다.

첫째, 번역은 우리가 알고 있는 두 가지 모델 중 어느 한쪽으로 치우치지 않는다. 순차통역이 구상법에 치중하고, 동시통역이 변환법 위주인 것과는 사뭇 다르다. 번역사는 언어 간 직접 변환을 꾀하는 동시에 원문 의미를 자유롭게 해석한다. 문학 번역 일부를 발췌하여 이 점을 확인해 보았다. 초반에 직접 변환이 이루어지다가 어느 순간 자연스럽게 구상법(진하게 표시된 부분)이 등장하고, 그리고 다시 변환으로 이어지는 과정이 눈에 쉽게 들어온다.

"Tommy and Guy did not exchange a word on the road home. Instead they laughed, silently at first, then loud and louder. Their driver later reported that he had never seen the Colonel like it, and as for the new Copper Heel, he was "well away." He added that his own entertainment below stairs had been "quite all right" too.

Tommy and Guy were indeed inebriated, not solely, nor in the main by what they had drunk. They were caught up and bowled over together by that sacred wind which once blew freely over the young world. Cymbals and flutes rang in their ears. The grim isle of Mugg was full of scented breezes, momentarily uplifted, swept away and set down under the stars of the Aegean."

"По пути домой Томми и Гай не обменялись ни единым словом. Они только смеялись, сначала тихо, потом все громче и громче. **Шофер позже рассказывал, что никогда не видел полковника в таком состоянии, а новый "медный каблук" был "еще хлеще." Он добавил, что его самого тоже "здорово" угостили внизу.**

Томми и Гай действительно опьянели **не только и не столько от выпитого.** Их обоих подхватил и сбил с толку священный ветер, который некогда свободно разгуливал над молодым миром. В их ушах звенели цимбалы и флейты. Мрачный остров Магг **овевался ароматным легким ветром, мгновенно поднимающимся, уносящимся вдаль и затихающим под звездами Эгейского моря**."70)

"집으로 돌아오며 토미와 가이는 한 마디 말도 나누지 않았다. 그냥 웃었다. 처음에는 소리 없이, 나중에는 크게 더 크게 웃었다. 운전기사는 대령의 그런 모습은 처음이었으며 새로 온 '구리 굽'은 더 난리였다고 나중에 전했다. 그리고 그 자신도 아래층에서 흡족하게 대접받았노라고 덧붙였다.

토미와 가이는 정말로 취했다. 마신 술 때문만도 아니었고, 그 정도로 마시지도 않았다. 언젠가 젊은 시절 거침없이 불어댔던 신성한 바람에 이 둘은 완전히 휩싸여 정신을 차릴 수 없었다. 플루트와 심벌즈 소리가 귓속에 쟁쟁했다. 음침한 머그섬을 향긋한 미풍이 감싸더니 순간적으로 솟구쳐 멀리 휩쓸려가서는 에게 해의 별빛 아래로 잦아들었다."

둘째, 원문 텍스트의 장르와 문체에 따라 어느 모델을 주로 이용할 지가 결정된다. 다시 말해 **동일한 의미의 표현이 출발어와 도착어에서 어느 정도 직접적으로 일치하는 지**에 달려있다. 시의 경우 당연히 직접적으로 일치할 가능성이 극히 적다. 반면 과학기술번역을 할 때는 직접적 대응을 충분히 활용할 수 있다. 그리고 문학 중 산문은 그 중간에 위치한다. 직접 변환이 가능하지만 여의치 않을 경우엔 해석을 가미해도 좋다. 위에서 제시한 예문에서도 이 점이 발견된다. 중립적으로 행동을 묘사하는 부분은 직접적으로 대응되는 도착어 표현을 찾아 해결하였다. 그러나 이 방식으로는 평범하지

---

70) Waugh E. Officers and Gentlemen. – Penguin Books (이블린 워, "사관후보생", 파벨레츠키(Павелецкий П.), 라줌늬(Разумный И.) 역. (모스크바, 1977))

않은, 기사의 속어체 표현을 번역할 수가 없었고 그래서 구상법을 적용하였다.

번역의 특징-까다로운 요구와 막중한 책임

 커뮤니케이션 체계 관점에서 번역을 바라보는 것도 흥미롭다. 커뮤니케이션 행위로서의 번역은 특정 대상만을 겨냥하지 않으며 그들의 요구에 국한되지도 않는다. 이것이 통역과 다른 점이다. 번역물은 그것이 설사 고기 다지는 기계나 커피분쇄기 설명서 번역일지라도 일종의 문학작품이다. 그래서 번역물이 향하는 목적지를 고대어로 Urbi et orbi[71]라 한다. 어떻게 모든 사람이 대상일 수 있을까? 그리 수긍이 가지 않을 수도 있다. 그래서 예를 들어 설명할까 한다. 탸쥐마쉬[72] 공장 압연설비에 대한 번역을 하면, 이 공장 측에서 번역물을 이용하게 될 것이다. 그러나 그것이 다는 아니다. 물론 우선적으로야 공장 관계자들이 보지만, 훗날엔 이 도시 더 나아가 전국에 있는 기술도서관에 소장될지도 모를 일이다. 그러므로 번역을 할 때에는 한 공장의 요구사항에만 맞추어서는 안 된다. 문학, 과학기술서적에 있어 사회적으로 통용되는 용어 및 기타 기준에 부합되도록 해야 한다. 이러한 이유에서 번역에 통역보다 더 높은 수준을 요구한다. 번역물은 출처의 역할을 하게 된다. 그렇기 때문에 도착어의 문법, 문체, 철자법 어느 하나도 절대로 소홀히 해서는 안 된다. 통역을 할 때면 무언가를 빠뜨리거나 그다지 적당하지 않은 표

---

71) 라틴어로서 '도시와 세상'을 뜻한다. 여기서는 '모든 곳'의 의미로 쓰였다.
72) 역주. 회사명

현을 쓰기도 한다. 그래도 청중은 내용을 이해하며 별로 중요하지 않은 부분은 그냥 흘려듣는다. 보통 청중은 내용 전달 이외의 것을 요구하지 않는다. 그러나 번역을 둘러싼 상황은 전혀 다르다. 한 사람이 아닌 다수의 대중이 그 글을 읽게 될 것이다. 가치 있는 정보를 담고 있다면, 더 많은 사람들이 계속해서 책을 읽고, 내용을 토론하며 또한 인용할 것이다. 과학기술번역에서 이 정도니 장·단편 소설, 시 등 문학번역에서 어떠할지는 자명하다. 원문이 영어였다 치더라도 번역물은 러시아 문학의 완벽한 일부가 되어야 한다. 문학작품 번역물은 인용하고 암기하는 데 그치지 않을 것이다. 영국 시가 러시아 노래가 될 수도 있다. '저녁 종'을 비롯하여 사례는 수없이 많다. 이상에서 살펴본 바와 같이 번역의 방식은 통역과는 다르며 번역에는 까다로운 요구와 막중한 책임이 부여된다.

대응어 선택을 위한 7가지 변수

번역 과정에서는 대응 도착어 선택을 좌우하는 모든 변수를 고려할 수 있다. 그리고 반드시 고려해야만 한다.

- ❶ 언어 의미에 관한 포괄적인 약속이 제의하는 바, 즉 일반 사전에 제시된 의미를 알아야 한다.
- ❷ 원문의 주제를 파악한 상태에서, 해당 전문 용어사전에서 단어의 의미를 확인해야 한다.
- ❸ 원문 전체에 흐르는 맥락 : 예를 들어, 소설이라면 우선 끝까지 읽도록 한다.

❹ 좁은 맥락 : 단어, 어결합의 의미를 결정짓는 한두 문장에 들어 있다. 공통 및 개별 맥락은 서로 모순될 수 있다.
❺ 텍스트의 문체를 결정하는 상황 : 대화에서는 화자가 누구인지, 성격, 교육 수준은 어떠한 지를 염두에 두어야 한다. 행위의 묘사라면 묘사 주체, 저자, 등장인물을 고려해야 하며 행위가 침착한지 신속한지 그 속도감을 판단해야 한다.
❻ 배경지식 : 번역에서 대단한 비중을 차지하는 배경지식은 내부적 심사 기능을 한다. 이를 통해 번역에 있어서 정도와 조화를 지켜나갈 수 있다.
❼ 도착어 어휘의 결합규칙 : 상황과 함께 결합규칙이 문체가 올바른지 아닌지 결정짓는다. 때로는 단순히 문법 수준을 가늠케 해준다. 단언컨대, '여간 춥지 않은데'를 '여간 추운데'로 알고 쓰는 사람도 있다.[73]

7가지 변수의 적용

7가지 변수가 작용하는 모습과 번역에 미치는 결정적인 영향을 살펴보자.

- 공통 및 개별 의미 : 4장과 6장에서 영단어 'withdrawal', 'compliance'가 가진 전문적 의미를 지적한 바 있다. 또 다른 예로 'dressing'을 들 수 있다. 전문적인 텍스트에서 'dressing'은 기본적인 의미를 거의 잃고 비전문가라면 꿈에도 생각 못할 새로운 뜻을 얻는다. 붕대, 소스, 연고에서 비료까지 다양하다.

---

[73] 역주. 원문에서는 '동사+목적어' 구조의 어결합을 예시하였으나, 국어 문법을 감안하여 기능어의 호응을 예로 들었다.

- 공통 및 개별 맥락 : "Hale knew, before he had been in Brighton three hours, that they meant to murder him"
"헤일은 자신이 세 시간을 보내게 되어있는 브라이턴에서 그들이 자신을 살해하려 한다는 사실을 알았다."74)
소설을 끝까지 읽지 않았다면 예문의 이러한 의미를 알아채지 못했을 것이다.
- 상황 및 문체 : 러시아어와 영어로 쓰인 어떤 여행 책자에 타라스 셰프첸코75)의 동상 사진이 있었는데, 사진 밑에는 푸쉬킨이 쓴 구절 'К нему не зарастет народная тропа 그를 향한 군중의 행렬이 강을 이룬다'이 영어로 번역되어 있었다. 'there are always many people at Shevchenko's monument' 상황과 문체가 바뀌니 글의 느낌이 이렇게 가벼워졌다.
- 배경지식 : 박식함이 번역 수준에 미치는 결정적인 영향에 대해 이미 여러 차례 언급하였으므로 한 가지만 덧붙이겠다. 번역기계가 언어외적 정보 즉 배경지식을 이용하지 못한다는 사실은 익히 알려져 있다. 언어외적 정보의 중요성은 번역기가 낳은 걸작품을 보면 간단하게 증명된다. 'Петр Великий 표트르 대제'76)를 'Питер большой 커다란 피터'로 번역한 경우를 예로 들 수 있다.

7가지 변수를 모두 고려하여 번역하는 것이 현실보다는 이상에 가깝다고 느꼈을 수도 있다. 물론 번역을 하면서 사전을 항상 참고하지는 않는다. 세부적인 전문 텍스트를 번역하다 'обечайка 테두리, 용기의 횡벽'이나 'картер 톱니바퀴 상자'와 같이 뜻 모를 낯선 단어와 마주치는 경우에나 전문용어사전을 찾게 된다. 필수 어휘를

---

74) Greene G. Brighton Rock. — Penguin Books.
75) 역주. 우크라이나의 저명 시인.
76) 역주. 러시아 로마노프 왕조 제4대 황제. 'Peter the Great'

모두 기억하거나 적어도 그렇다고 생각하기 때문에 사전을 이용하지 않는 것이다. 그러나 필수 어휘인 경우를 제외하면, 의미를 결정짓고 대응어 선택을 하는 데에 있어서 7가지 변수가 매번 힘을 발휘한다. 항상 작용한다는 것이 통역과 다른 점이다. 그런데 사람들은 그 작용을 인식하지 못하고 그저 직관이라 여긴다. 예를 들어, 어결합 'secondary oil recovery'에서 'recovery'를 '회복'으로 번역하는 사람은 거의 없다. 7가지 변수 중 맥락, 일반지식, 결합규칙을 고려했기 때문이다. 어떤 것이 결정적인 역할을 했는지 판단하기는 어렵다. 그렇지만 어쨌든 세 가지 변수에 근거하여, 'recovery'의 적절한 대응어를 찾기 위해 전문용어사전을 뒤지게 될 것이다. 그러나 7가지 요인은 수준 있는 번역사가 성실하게 번역을 할 경우에만 제대로 이용된다. 어설픈 엉터리 번역사와 번역기계는 이러한 섬세함을 갖추지 못한다.

번역의 수준을 결정짓는 7가지 변수 중 가장 애매한 것은 결합규칙이다. 예를 들어, 엔진에 기름칠을 하는 것과 관련된 번역물이 있다. 번역사는 'смазать (기름을) 바르다', 'нанести смазку (기름을) 바르다' 대신 'помазать 기름을 바르다', 'намазать 칠하다'를 이용하였다. 설령 러시아어를 유창하게 구사한다 할지라도 외국인이 이들 단어의 차이를 이해하기는 힘들다. 사전에서조차 자세한 설명을 찾을 수 없을 것이다. 러시아어를 모국어로 하지 않는 한 표현의 어색함을 알아채기 힘들다. 단어의 정확한 뜻은 원어민만이 알고 있다. 'помазать 기름을 바르다'는 요오드를 상처에 바르거나 겨자로 고기를 문지를 때 사용하며 'намазать 칠하다'는 샌드위치에 버터를 바를 때 쓰는 단어이다. 엔진이나 부품에는 'смазать, нанести смазку (기름을) 바르다'가 적당하다.

외국어로의 번역

결합규칙에 대한 예문을 살펴보면서 이런 의문점을 갖게 된다. 외국어로의 번역이 가능한가? 문학 번역과 기술 번역 중 어느 쪽이 수월한가?

필자는 외국어를 잘 아는 사람일지라도 외국어로 번역을 할 수는 없다고 생각한다. 외국어의 결합규칙 및 문체적 뉘앙스를 세세한 부분까지 완벽히 이해할 수는 없기 때문이다. 앞서 언급했듯이 유엔과 같은 여러 국제기구에서도 이러한 의견을 견지한다. 물론 반박하는 의견도 존재한다. 러시아 스몰렌스크 지방 출신의 전설적인 스파이가 영국 귀족으로 완벽하게 위장했었다는 단순한 이유를 대는 경우도 있는 데, 근거 없는 이런 주장에까지 일일이 대꾸할 필요는 없을 듯싶다. 한편, 좀 더 타당한 근거를 제시하며 외국어로의 번역이 가능함을 증명하려는 시도도 보인다. 나보코프는 러시아어와 영어 두 가지 언어로 글을 썼으며, 푸쉬킨은 프랑스어로 시를 지었다는 것이다. 이에 대한 필자의 생각은 다음의 두 가지로 요약된다.

첫째, 이들이 누구인가. 나보코프와 푸쉬킨이다. 우리와 같은 평범한 사람이 아니다. 둘째, 문법에 맞추어 외국어로 글을 쓸 수는 있다. 자신이 알고 있는 올바른 어휘와 어결합을 직접 고르기 때문이다. 하지만 번역은 다르다. 원문에 의거하여 어휘를 선택해야만 하는데, 원문에 등장하는 모든 어휘에 대한 적절한 외국어 표현을 찾는 것은 불가능하다.

정보제공 통번역의 한계

하지만 어쨌든 우리가 외국어로 번역을 하지 않느냐고 필자에게 되물을 지도 모른다. 물론 그 말도 맞다. 그렇지만 그런 번역은 '정보제공 번역'이라 할 수 있다. 정보, 사실, 행위를 전달하지만 원문의 예술적 형상과 문체는 옮기지 못한다. 순차통역이나 동시통역에서는 정보제공 통역만으로도 목적을 거의 달성할 수 있다. 하지만 문학작품 번역의 경우 이 정도로는 부족하다. 스트루가츠키[77] 형제의 작품에서 짧은 대화를 발췌하여 살펴보자. 영어 문법에 존재하지 않는 경어를 의식하며 번역해보면, 무언가 부족하다는 의미를 이해할 수 있을 것이다.

- Кофе пить полиция разрешает? - осведомилось чадо.
- Да, - ответил я. - А еще что вы там делали?
  Вот сейчас... сейчас она... оно скажет: "Я закусывал" или "закусывала." Не может же оно сказать : "Я закусывало."

- "경찰이 커피 마시는 것을 허락하나요?" 아이가 물었다.
- "그래" 내가 대답했다. "그리고 거기서 또 무엇을 했니?"
  바로 지금, 그 애는 "간식을 먹었답니다" 혹은 "간식을 먹었어요"라고 말할 수 있다. 그렇지만 "간식을 먹었어"라고 해서는 안 된다.[78]

---

77) 스트루가츠키 A.(Стругацкий А.), 스트루가츠키 B.(Стругацкий Ъ.), "죽은 산악인의 호텔" (모스크바, 1989)
78) 역주. 러시아어 원문에서는 성구별을 다루었다. 그러나 성을 구별하지 않는 국어 문법을 고려하여, 경어사용을 예로 들었다.

영어를 매우 잘한다면 번역을 할 수 있을 지도 모른다. 그렇지만 번역을 하다 보면 이런 까다로운 과제가 수도 없이 주어질 텐데, 과연 도착어를 모국어로 하는 번역사처럼 자연스럽고 간단하게 문제를 해결할 수 있겠는가!

번역의 어려움을 논하면서 소위 '번역하기 어려운 말장난'을 그냥 지나칠 수는 없다. 원문 단어의 다의성, 동음이의성, 비슷한 발음에서 생기는 혼동이 주된 재료이다. 이와 같은 언어 현상을 어떻게 번역할 것인지에 대해서는 이미 많은 의견이 나와 있다. 그 중 거의 확실한 규칙 한 가지는, 도착어로 유사한 말장난을 만들어 내거나 아니면 어찌할 도리가 없음을 인정하며 주석에서 상황을 자세히 설명해야 한다는 것이다. 예를 하나 들어보자.

- What gear were you in at the moment of impact?
- Gucci's sweats and Reebock.
- 충돌하던 그 순간 무엇을 들었습니까?
- 가방[79]이요.

번역하기 어려운 장르

과학기술 번역과 문학작품 번역에 대해 생각해보자. 일부에서는 기술 번역 쪽이 당연히 수월하다고 말한다. 율리시즈 번역과 고철 덩어리에 대한 번역을 비교할 수 있느냐는 것이다. 이 문제를 놓고 논쟁을 할 생각은 없다. 누구나 자신의 의견을 가질 수 있다. 다만

---

79) 역주. 어떤 소리를 들었냐는 질문에 가방을 들고 있었다고 대답한다.

한 가지만 언급하자면, 문학 번역에 익숙한 사람은 '고압용 보일러 검사 규정'과 같은 텍스트의 번역이 쉽지 않을 것이고, 반대로 기술번역을 하다가 슬픈 사랑을 그린 소설을 번역하려면 만만치 않을 것이다. 다른 직업에서와 마찬가지로 번역도 훌륭하게 하기 위해서는 특정 분야에서 꾸준히 일을 하며 경험을 쌓아야 한다.

그렇지만 문학 번역과 과학기술 번역의 원칙은 완벽히 동일하다. 대응어의 선택 방법, 더 나아가 번역의 수준을 결정짓는 7가지 변수가 같은 것처럼 말이다. 기술 번역에 적용되는 배경지식, 결합규칙이 문학 번역과 다르고 문제도 새롭지만, 기술번역이 문학 번역에 버금가게 어려운 작업임은 분명하다. 과학기술 번역을 할 때에는 특히 번역 대상을 상세히 연구하고 이 장르 특유의 문제를 명확히 파악해야 한다. 반면 문학 번역에서는 형상화를 통해 묘사하는 능력이 매우 중요시된다. 또한 도착어가 가지고 있는 풍부한 언어 수단 및 기술을 잘 활용하여 번역해야 한다. 이 때문에 기술번역은 배우면 할 수 있지만 문학 번역은 선택된 사람만이 해낼 수 있다. 시를 번역하고 싶다면 시인이 되어야 하지만 화학분야 텍스트를 번역하기 위해 반드시 화학자가 될 필요는 없다. 그렇다고 과학기술 번역의 서술 문체 선택이나 결합 규칙이 간단하다는 뜻은 아니다. 과학기술 번역을 제대로 하기 위해서는 7가지 변수를 모두 이용해야 한다. 다음의 예문을 통해 이 점을 확인할 수 있다.

"Lubricity agents rely on polar materials or less-reactive elements to fill or smooth the surfaces and, by polar forces within the molecules, to form a weak film on the metal surfaces. Six classes of water- soluble lubricity agents are listed. Phosphate esters and zinc dithiophosphates both rely heavily on the phosphorus to increase their lubricity and wear-reduction ability as measured by the Falex Lubricant Tester."

"Действие присадок, повышающих смазочную способность, основано на использовании материалов, обладающих полярностью, или слабоактивных элементов, которые покрывают трущиеся поверхности или зополняют имеющиеся на них неровности и за счет сил полярности внутри молекул образуют непрочную пленку на поверхности металлов. Различают шесть классов водорастворимых присадок, повышающих смазочную способность. Действие сложных эфиров фосфорной кислоты и дитиофосфатов цинка основано главным образом на свойствах фосфора, который обеспечивает повышение смазочной способности и улучшение антиизносных характеристик, как показывают испытания на машине трения Фалекс."

"윤활제는 극성 물질이나 저항력이 약한 물질로 하여금 마찰 표면을 덮거나 메워서 분자 내부 극성의 힘으로 금속 표면에 막을 형성하게 한다. 수용성 윤활제는 여섯 개 급으로 분류된다. 팔렉스 테스트기를 통해 측정된 바에 따르면, 인산에스테르 및 아연이인산염이 작용하는 데는 윤활력을 제고하고 내마모성을 강화하는 인산의 역할이 크다."

러시아어 번역물이 원본의 거의 2배 길이이다. 전문지식에 기초하고 러시아 기술용어 및 문체 기준에 의거하여 많은 것을 설명해야 했기 때문이다.

사전

　사전의 역할에 대해 생각해 보자. 전문용어사전 없이는 위의 예문이든 다른 어떤 기술 텍스트이든 번역할 수 없다. 누구나 알고 있는 사실이다. 그러나 **전문적인 주제지식이 부재하다면 전문용어사전**이 있다 해도 번역을 올바로 하지 못한다. 개별 단어조차 정확하게 번역된다는 보장이 없다. 'less-reactive'를 'слабоактивный 저항력이 약한'으로, 'smooth'를 'заполнять неровности поверхности 표면을 메우다'로 번역한 것이 이를 증명한다. 주어진 예문의 설명을 이해했기에 가능한 일이었다. 사전을 본다고 알 수 있는 내용이 아니다. 문학 번역에서도 사전은 비슷한 역할을 수행한다. 그러나 다른 점도 있다. 기술 번역에서는 사전에서 제시된 대응어가 번역의 출발점 역할을 자주 한다. 내용에 담긴 과정 및 구조의 핵심을 정확히 파악하고 도착어로 표현하는 바탕이 된다. 문학작품 번역을 하면서도 사전의 대응어에 기초하여 텍스트의 의미 및 문체 모델을 그려내기는 한다. 그러나 예술적 형상을 창조하는 단계에서는 대응어에 연연하지 않는다. 아래 제시된 짧은 발췌문을 분석하여 사전적 대응어와 번역을 비교해보면 이 점을 알 수 있다.
　원문이다.

　　　"I slid so far that I landed on my knees at the two men's feet, and when I picked myself up the headmaster was glaring at me from under his heavy eyebrows".

　번역물이다.

"Я так разлетелся, что грохнулся на колени у самых ног собеседников, и когда поднялся, то обраружил, что директор гневно смотрит на меня из-под густых бровей"[80]

"거의 날아 들어가서 두 남자의 발에 무릎이 닿으며 넘어졌다. 일어서자 교장 선생님이 무성한 눈썹 밑으로 나를 노려보는 것이었다."[81]

예문에 등장한 동사의 대응어를 사전에서 찾아보았다. B. K. 뮬러 영러 사전을 참고하였다.[82]

미끄러지다/얼음을 지치다/남몰래 움직이다/활주시키다, 상륙하다/해안에 닿다/착륙하다/도착하다/(달갑지 않은 장소에)이르다, (넘어졌다가) 일어나다, 쏘아보다/노려보다

사전에서 제시된 대응어와 번역의 결과가 부분적으로는 일치한다. 그러나 전반적으로 문학 번역은 사전적 대응어를 형상 창조를 위한 일종의 발판으로 삼는다. 사전을 덮는 그 순간부터 번역이 시작된다고 하는 말이 나온 데는 다 이유가 있다. 이처럼 문학작품이나 과학기술 번역에서 사전은 보조적 역할을 한다. 그 이유는,

- 사전은 맥락 및 결합규칙에 상관없이 보통 두 단어 이하로 된 표현만을 대응어로 제안한다.

---

80) Greene G. The Captain and the Enemy (그린(Грин Г.), "대장과 적", 쿠드랴프체바(Кудрявцева Т.) 역)
81) 역주. 예문으로 쓰이는 러시아 번역물의 표현을 가능한 그대로 옮겼다.
82) 역주. 동아 프라임 영한사전을 참고하여 대응어를 찾았다.

- 사전은 다양한 대응어를 모두 취급하지 못한다.
- 사전은 상황 및 배경지식이 번역에 미치는 영향을 고려하지 않으며 또 그렇게 할 수도 없다.

우리의 '복잡한 친구'인 사전을 대신한 짧은 변명을 끝으로 통번역의 장르 및 종류에 대한 설명을 마치려고 하였으나, 그보다는 다양한 통번역 종류의 특성을 정리하는 것으로 마무리 짓는 편이 낫겠다.

통번역 종류에 따른 특성

통번역의 종류와 그 특성을 종합하여 표로 만들었다(표 3). 훗날, 통번역일을 하는 누군가가 이 표를 대강 훑어본다면 이렇게 말하지 않을까. "세상에, 지금까지 방식이 다 틀렸단 말인가! 결과가 그리 엉망이 아니었던 게 신기하군."

표 3

순차통역	주로 구상법에 기초한다. 다시 말해서 출발어 텍스트를 해석하는 경우가 많다. 맥락이 가장 핵심적인 역할을 수행한다. 청중과 직접적인 관계를 맺으며, 연사의 말을 전부 그대로 전달하지는 않는다.
동시통역	주로 변환법에 기초한다. 다시 말해서 출발어 텍스트 구조를 모방하는 경우가 많다. 문맥의 힘이 약하다. 그렇기 때문에 상황 및 배경지식에 의지한다. 일반적으로, 청중과 직접적인 관계를 맺지 않는다. 연사의 말을 전부 전달하기에는 신체·정신적 어려움이 크다.
번　역	두 가지 방법 중 어느 한 쪽으로 치우치지 않는다. 출발어 텍스트의 장르가 무엇인지 그리고 동일한 의미의 출발어, 도착어 표현이 일치하는 정도에 따라 의미를 직접 변환할지 해석할지 정한다. 구체적인 대상을 겨냥하지 않는다. 대응어를 결정짓는 7가지 변수를 모두 고려한다.

지금까지 사람들이 통번역을 하는 과정에 대해 살펴보았다. 다음 장에서는 기계번역에 대해 알아보자.

자동번역
― 힘이 장사인 번역기가 약골인 번역사를 대신하게 될까?

번역기가 번역사를 대체하게 될까? 번역기는 어떤 식으로 작업하는가? 번역기와 번역사의 차이는 무엇인가? 전문번역사는 번역기로부터 어떤 도움을 받을 수 있는가?

번역기가 번역사를 대신하게 될까?

답은 분명하다. 당장은 아니다. 번역기가 번역사를 대신하게 된다 치더라도 조만간은 아니다. 현재로서는 성능이 가장 뛰어난 기계도 번역사를 대체하지 못한다. 번역이 창의성의 발현이기 때문이다. 번역이 창작 활동이라는 점에 대해선 이견이 없으리라 생각한다. 한편, 번역기는 단순 번역 작업에 큰 도움이 될 수 있다. 목록, 표 등과 같이 문법적으로 연결되지 않은 텍스트를 번역해야 할 때가 있는데, 이렇게 따분하고 지루한 일에 번역기를 유용하게 쓸 수 있다. 뿐만 아니라 번역기는, 외국어를 그다지 잘 하지 못함에도 불구하고 자신의 전공 분야 텍스트를 번역하곤 하는 전문가들에게 요긴하게 쓰일 것이다. 다만 번역기도 해당 분야에 취약할 수 있으므로 신중하게 따져가며 기계의 충고를 받아들여야 한다. 번역기를 포함한 기계란 존재 자체가 인간을 가장 크게 앞서는 부분은 과제 해결 능력이 아니라 노동력이다. 기계는 지치지 않는다. 잠 잘 시간이나 음식을 요구하지도 않으며 파업하는 일도 없다. 이러한 이유 때문에라도 자동번역에 대해 자세히 다뤄보려 한다. 기계가 번역하는 과정과 번역사가 자신의 작업에 번역기를 활용할 가치가 있는지에 대해 알아보자.

번역기의 등장

번역을 자동화하려는 시도는 컴퓨터의 등장과 거의 때를 같이 한다. 최초의 컴퓨터가 미국에서 만들어지고 불과 5년이 지난 1949년,

수학자인 위버 W.가 번역에 컴퓨터를 이용하자는 발상을 학계에 내놓았다. 여러 수학자와 언어학자가 열정적으로 연구에 참여한 결과, 얼마 지나지 않아 최초의 자동번역모델 및 시스템이 탄생했다. 보통 기계번역모델이라 부른다. 기계번역의 최초 모델은 텍스트를 하나의 언어에서 다른 언어로 옮기는 재코드화 원칙을 기반으로 한다. 즉 당시에는 문법을 거의 고려하지 않았다. 그러나 이후 문법, 의미, 심지어 언어외적 정보 즉 배경지식을 분석하는 복잡한 모델의 개발이 시작된다.[83]

번역작업의 원칙

2장에서 말한 바와 같이, 언어는 기호로 된 코드라고 볼 수 있다. 현실 세계에 존재하는 대상을 이해하고 난 후, 우리는 그 개념을 기호 즉 언어로써 기록한다. 앞서 나무를 예로 들었다. 나무의 개념은 한국어의 나무라는 기호 사슬과 일치하며, 영어에서 기호를 순차적으로 나열한 TREE에 부합한다.[84] 이를 통해 우리는 여러 가지 기호 사슬, 즉 나무와 TREE라는 여러 언어의 단어가 나무라는 동일한 개념을 가리킨다는 사실을 추론할 수 있다. 어떤 언어의 A라는 단어가 C라는 개념을 표현하고, 다른 언어의 단어 B도 개념 C

---

[83] 상세한 내용은 다음을 참조. Bruderer H. E. The Present State of Machine- Assisted Translation // 3-d European Congress on Information Systems and Networks. Overcoming Language Barriers. — Luxemburg, 1977; Slocum J.A. Survey on Machine Translation: its history, Current Status and Future Prospects // Com- putational Linguistics. — 1985-V.11, 1.

[84] 역주. 기호 '나'와 '무'를 이어서 나무라는 기호 사슬을, 기호 'T', 'R', 'E', 'E'를 엮어서 TREE라는 기호 사슬을 만들었다.

를 뜻할 경우, 수학의 이행성 원칙을 적용시킬 수 있다. 즉 A=C이고 B=C이면 A=B가 된다. 다시 말해서 여러 언어의 단어가 같은 의미를 가질 경우 단어 자체를 동일시할 수 있다. 바로 이 원칙에 의거하여 번역기의 작업이 이루어진다. 여러 언어의 단어가 공통된 의미에 근거하여 동일시된다. 서로 일치하는 단어를 컴퓨터 프로그램에 저장시켜 번역기가 이용할 수 있게 하는 것이다.

대응어 선정

원시적인 번역기가 수행하는 과제는 무척 단순하다. 한 언어의 단어가 입력되면 이에 일치하는 다른 언어 단어를 검색한다. 이렇게 단어별로 텍스트를 번역해 나간다. 그런데 공통 의미를 지니는 것은 개별 단어만이 아니다. 어결합이 될 수도 있다. 그러므로 단순한 번역기에 개별 단어 뿐 아니라 어결합에 맞는 대응어를 찾는 임무가 주어진다. 소위 단어·구 번역이 실행된다. 이 뿐만이 아니다. 대응어는 하나 이상일 수도 있다. 즉 A언어의 한 단어와 B언어의 여러 단어가 일치하는 경우이다. 물론 그 반대일 수도 있다. 그렇기 때문에 번역기에 적합한 대응어를 선정하는 프로그램을 반드시 설치해야 한다. 이러한 프로그램의 원칙은,

❶ 원문의 통사 모델에 적합한 대응어를 선택한다. 주로 문장의 통사 모델을 분석한다. 예를 들어, 동사 'to book'과 명사 'book'의 대응어를 구별할 수 있어야 한다(각각, '예약하다'와 '책').
❷ 의미 모델에 적합한 대응어를 선택한다. 예를 들어, 다양한 의미

모델을 분석하여 'solution'의 대응어 '해결', '용해'를 구별할 수 있어야 한다.

보통 위의 두 가지 모델을 종합하여 이용한다. 사실 통사·의미 모델이나 대응어 선정 절차는 무척 까다로운 문제이다. 그런데 좀 더 복잡한 몇 가지 번역시스템에서는 위의 두 가지 원칙에 더해, 언어외적 정보 즉 배경지식에 근거한 선정원칙을 적용한다. 이 세 번째 원칙에 등장하는 모델은 앞의 두 가지보다 더 난해한데, 인공지능 모델의 일종으로 보면 무방하다.

번역기의 단계

적합한 의미 더 나아가 적합한 대응어를 찾는 과정에 따라 기계번역 모델 및 시스템을 세 가지 단계로 나눌 수 있다.

첫째, 가장 낮은 단계로 단순한 단어·구 번역이다. 대응어의 선택이 이루어지지 않으며 번역 시스템은 사전에 제시된 대응어를 모두 출력하여 보여준다.

둘째, 중간 단계로 소프트웨어 시장에 나와 있는 대부분의 번역기가 이에 속한다. 통사, 의미 모델을 결합하여 적합한 대응어를 선택하고 출발어 텍스트 구조를 도착어 텍스트 구조로 바꾼다.

셋째, 가장 높은 단계에서는 문법, 의미, 그리고 배경지식을 이용하여 도착어 텍스트를 종합·완성한다. 모델 및 시스템은 아직 실험단계에 머물고 있는 실정이다.

번역수준 분석-낮은 단계 시스템

단계별 시스템의 능력과 그 결과물인 번역의 질이 어떠한지 좀 더 명확히 알아보기 위해 기계와 사람의 행위를 비교해 보자. 가장 낮은 단계의 시스템은 마치 사람이 사전과 어형변화표[85]를 참고하여 전혀 모르는 언어로 텍스트를 번역하는 것과 같다. 이러한 경우 사람이 하는 방식으로 시스템도 번역을 한다. 첫 번째 단어를 가지고 사전에 동일한 형태의 단어가 존재하는지 찾는다. 있다면 뜻을 모두 옮겨 적고 없다면 텍스트에 나와 있는 단어 형태가 어형변화표에 있는지 살핀다. 사전에 있을 만한 적합한 형태를 찾는다. 사전에서 뜻을 모두 옮겨 적는다. 두 번째 단어를 취한다. 이러한 과정이 계속 반복된다. 이 경우 차이점이라고 한다면, 사람들이 어울리지 않을 듯한 대응어를 전부 버리는 반면 낮은 수준의 기계번역 시스템은 그러지 않는다는 것이다.

번역수준 분석-중간 단계 시스템

짧은 예문에 다음과 같은 번역이 나왔다.

Lead absorbs radiation
납/ 측연/ 어망에 달린 납/ 이끌다/ 지도하다/ 리드하다/ 지도/ 리드/ 도선 ; 흡수하다/ 받아들이다/ 빨아들이다/ 완화시키다/ 삼켜버리다 ; 복사/ 방사[86]

---

[85] 동사, 명사, 형용사 등의 변화 규칙과 변화형을 담은 목록

중간 단계 시스템이 작업하는 과정은 낯선 **주제의 텍스트를 번역하는 어느 정도 경험 있는 번역사와 비슷하다.** 이런 번역사들처럼 시스템도 통사 및 의미 분석 과정을 통해 가장 어울리지 않을 듯한 대응어를 찾아 버릴 수 있다. 번역기가 내리는 분석의 깊이와 정확성은 모델이 얼마나 완전하고 또 완벽하게 준비되었는가에 달려 있다. 번역사의 분석 결과가 번역과 관련된 전문 지식의 완전성에 좌우되는 것과 같다. 그러나 원문 내용을 전혀 이해하지 못하는 번역사와 마찬가지로 **중간 단계의 번역기는 배경지식에 근거하여 대응어를 선택하지 못한다.**

문법적 측면에서, 예문에 동사 두 개가 연속으로 등장하므로 'lead'의 대응어 중에서 동사 형태는 제외되리란 점을 예측할 수 있다. 그러면 번역물로 다음과 같은 과도기적 텍스트를 얻게 된다.

    납/ 측연/ 어망에 달린 납/ 지도/ 리드/ 도선 ; 흡수하다/ 받아들이다/ 빨아들이다/ 완화시키다/ 삼켜버리다 ; 복사/ 방사

주어 'lead', 술어 'absorbs'의 의미와 두 단어간 의미 관계의 기본적인 분석을 통해 번역기는 '지도', '리드'를 제외할 것이며 번역 결과는 다음과 같아진다.

    납/ 측연/ 어망에 달린 납/ 도선 ; 흡수하다/ 받아들이다/ 빨아들이다/ 완화시키다/ 삼켜버리다 ; 복사/ 방사

중간 단계 번역기의 번역물이 문법적 일치 과정을 거치면 다음

---

86) 예시 참조. Miram G. Translation Algorithms. – 끼예프, 1998.

과 같은 모습이 된다.

　　납(측연/ 어망에 달린 납/ 도선)이 복사(방사)를 흡수하다(받아들이다/ 빨아들이다/ 완화시키다/ 삼켜버리다).[87]

'납', '측연', '어망에 달린 납', '도선'이라는 서로 뜻이 다른 단어와, 부분적인 동의어 '복사', '방사' 그리고 유사한 뜻을 가진 단어 '흡수하다', '받아들이다', '빨아들이다', '완화시키다', '삼켜버리다'는 그냥 둘 수밖에 없다. 이 중 선택을 하기 위해서는 배경 및 주제 지식이 필요한데 중간 단계 시스템에는 그런 능력이 없기 때문이다. 통사·의미에 기초한 기계번역 시스템이 제시하는 번역물을 놓고 필자가 **이렇게 된다, 저렇게 된다**라고 단정 지은 데는 이유가 있다. 실제로 특정 기계번역시스템이 한 번역을 예로 들었기 때문이다. 더 정확히 말하자면, 필자가 직접 개발한 시스템에서 한 번역이라 그 과정 및 결과를 전부 알고 있다.[88]

번역수준 분석–높은 단계 시스템

더욱 발전된 시스템을 이용하면 통사·의미 분석을 좀 더 세밀하게 해서 어울리지 않는 대응어를 몇 개 더 골라낼 수 있을 지도 모른다. 그러나 이것은 중요한 문제가 아니다. 핵심은 배경지식을 이

---

87) 역주. 국어 문법에 맞추어 재구성하였다. 러시아어로는 주어＋동사＋목적어 구조의 문장이다.
88) 기계번역시스템 'СИМПАР 심파르'를 이용하여 번역한 문장을 예시하였다. (참조. "인공지능 : 안내서 1권" (모스크바, 1990))

용하지 않고서는 수준 높은 번역을 할 수 없는데, 중간 단계 시스템이 배경 정보를 활용하지 못한다는 사실이다.

  세 번째인 가장 높은 단계의 번역시스템은 번역하는 분야를 잘 알고 있는 전문 번역가와 유사하다. 통사·의미 분석 및 종합 모델과 함께 주변 세계 개념 모델을 이용한다. 그러나 새로운 기능인 주변 세계 개념 모델은 이미 지적했듯이 실험 단계에 머물고 있으며, 자동 번역용 상업프로그램 시장에서는 아직까지도 두 번째 단계 시스템이 주류를 이룬다.

중간단계 시스템의 번역과정 분석-자동사전

  기계가 어떤 과정을 거쳐 번역을 하는 지, 번역사가 자신의 작업에 번역기를 어떻게 활용하면 될지 자세히 알아보자.

  자동화된 사전이 모든 기계번역 시스템의 기본임은 분명한 사실이다. 중간 단계의 상업용 번역기도 예외는 아니다. 이들 번역기에는 대개 표제어 수가 많은 두꺼운 사전을 싣는다. 이 중 몇 개 번역기에는 필자가 매우 중요하게 여기는 새 단어 추가 기능이 있다. 기계번역시스템 안에 있는 자동사전은 프로그램 모듈로서 다음의 기능을 수행한다.

❶ 입력된 텍스트에서 단어의 기호 사슬과 어결합을 구분한다. 예를 들어 문장 LEAD*ABSORBS*RADIATION(*은 여백)의 기호 줄은 LEAD, ABSORBS, RADIATION 형태의 사슬로 분리된다.[89]

❷ 텍스트의 어휘 형태를 사전에 나오는 형태로 바꾼다. 예를 들어, ABSORBS를 ABSORB로 변형시킨다.

❸ 단어의 문법 구성에 따라 문법 정보를 기록한다. 예를 들어 ABSORBS의 어미의 S는 동사의 3인칭 혹은 명사의 복수형을 나타낼 것이며 RADIATION의 접미사 -TION은 동명사임을 보이는 형식상 특징일 것이다.

❹ 어휘 파일에 들어있는 정보를 기록한다. 즉 대응어, 출발어 단어와 도착어 대응어가 갖는 문법 및 의미적 특성을 확인한다. 예를 들어, RADIATION을 위한 데이터를 다음과 같이 정리할 수 있다.

    A. RADIATION; (N); (process; characteristics) = 복사, (N); (과정, 특성); 방사, (N); (과정, 특성)

❺ 원문의 문장과 의미를 이해한다. 예를 들어보면, LEAD ABSORBS RADIATION이라는 원문 문장의 통사 및 의미적 특성을 인식하게 된다.

    A. (lead) = V(TRANS/OBJ = Nanim, inanim)/N(MATER/ABSTR);
    B. (absorbs) = V(TRANS,SUBJ = Ninanim, mater; OBJ = Ninanim, mater);
    C. (radiation) = N(PROC/PARAM)[90]

  단 전제가 되는 것은, 위의 예에서 보여준 통사·의미 모델에 대한 정보가 해당 번역기가 낸 결과물로서 그 자체로 하나의 실례일

---

[89] 역주. 단순히 연속된 기호로 이루어진 줄을 세 가지 형태의 기호 사슬로 나누었다.

[90] 역주. V-verb, TRANS-transitive verb, OBJ-object, N-noun, anim-animate noun, inanim-inanimate noun, MATER-material noun, ABSTR-abstract noun, SUBJ-subject, PROC-process, PARAM-parameter

뿐이라는 점이다. 당연하겠지만 절대 완전하지도 보편적이지도 않으며 이는 다른 기계번역모듈의 경우에도 마찬가지이다. 각각의 번역시스템이 보유한 데이터와 그 처리 절차에는 나름의 특징이 있으며, 대개 그 정보는 기밀로 분류된다. 모든 번역기의 자세한 세부 기능을 분석할 수 없으므로, 자동사전 프로그램 모듈 및 번역기의 다른 표준 모듈의 주요 기능이 무엇인지 정도만 알아보기로 하자.

중간단계 시스템의 번역과정 분석-트랜스퍼

위에서 보듯이 자동사전 모듈을 거치면서 데이터가 만들어진다. 데이터는 원문을 통사 및 의미의 관점에서 설명하고 또한 도착어 대응어에 대한 정보를 제시한다. 이제 이 데이터가 두 번째 처리 과정으로 넘어간다. 이번 모듈은 원문에 대한 통사·의미 설명을 번역물에 대한 통사·의미 설명으로 전환시킨다. 번역기의 이러한 전환과정을 '트랜스퍼'라고 부른다. 트랜스퍼의 순서는,

❶ 원문의 통사 및 의미를 분석하고 원문의 구조를 정확히 한다. 이 때 문장 구조는 소위 기계문법식으로 표현된다. 다시 말해, 일정한 형식에 맞추어 문장의 통사·의미적 요소를 밝히고 요소 간의 통사·의미적 관계를 설명한다. 현재 가장 많이 이용하는 것은 '통합문법(unification grammer)' 차원의 의존문법 혹은 구 구조문법이다.[91] 예를 들어, 앞의 예문을 분석해 보자. 처리 과정을 거치면 다음과 같이 명확한 통사·의미 구조가 된다.

---

91) 이 분야에 관심이 있는 분들은 필자의 책을 참고하기 바란다. Miram G. Translation Algorithms. - 키예프, 1998.

N(MATER/ABSTR)(SUBJECT) ⇐ (PREDICATE)
V(TRANS, SUBJ=Ninanim, mater; OBJ=Ninanim, mater) ⇨ (OBJECT)N(PROC/PARAM).

❷ 원문의 문장구조를 기계문법 규정에 의거 과도기적(핵심) 구조로 전환한다. 구구조문법 규칙에 따라 예문은 다음과 같이 변형된다.

NVN ⇨ NV ⇨ V

❸ 도착어 문장의 통사 구조를 종합한다. 앞의 간단한 예문도 두 가지 구조로 정리될 수 있다.

- 능동태 술어 동사인 경우
  N1(nomin)V(active)N2(accus);
- 수동태 술어 동사인 경우
  N2(nomin)V(passive)N1(instr.).[92]

이와 같이 트랜스퍼 단계가 끝난 후에는 도착어 문장 요소를 어휘적 관점에서 종합한다. 즉 통사·의미적 특징을 고려하여 대응어를 선택한다. 그리고 문법적 종합이 이루어진다. 사전에서 찾은 대응어를 텍스트에 적합한 형태로 바꾸는데 이 때 격, 인칭, 수 등을 고려한다. 모든 과정이 끝나면 도착어 문장은 다음과 같은 모습을 갖추게 된다.

납(측연/ 어망에 달린 납/ 도선)이 복사(방사)를 흡수하다(받아들이다/ 빨아들이다/ 완화시키다/ 삼켜버리다).

---

92) 역주. 여기서 도착어는 러시아어이다. nomin- nominal, accus.-accusative, instr.-instrumental

혹은

　　복사(방사)가 납(측연/ 어망에 달린 납/ 도선)에 의해 흡수되다
　　(받아들여지다/ 빨아들여지다/ 완화되다/ 삼켜지다).[93]

　　통사·의미 트랜스퍼 체계에 기반을 둔, 중간 단계 번역기가 작업하는 과정을 개략적으로 살펴보았다. 이러한 번역기는 사전에 선택된 두 개 언어에 맞도록 설계된다. 그리고 위에서 본 바와 같이, 번역기는 통사 및 의미 정보에 근거한 분석과 종합의 알고리즘을 이용한다. 다시 말하지만 대다수의 상업용 번역기가 이 원칙을 따른다. 일부 번역기의 경우 통사·의미 정보의 완성도와 분석 알고리즘의 치밀함이 다른 번역기에 비해 월등하다. 물론 이런 번역기가 단순한 구조의 '선배기계'보다 번역을 더 잘하기는 하지만, 배경정보를 얻지 못하는 한 사람과 결코 대등하게 경쟁할 수 없다.

중간 단계 시스템의 번역과정 분석-중간 언어

　　중간 단계 번역기는 트랜스퍼 체계 외에 소위 중간 언어도 활용한다. 중간 언어(국제어로 pivot language)는 보편적인 코드로서, 모든 언어 텍스트에 들어 있는 각각의 문법·의미 정보를 단일 방식으로 표현할 수 있게 돕는다. 중간 언어를 이용하는 번역기는 우선 한 언어의 텍스트를 중간 언어의 형태로 전환시킨다. 그리고 나서 중간 언어 형태에서 다른 언어 텍스트를 만들어 낸다. 발상은 정말

---

[93] 역주. 국어 문법에 맞추어 재구성하였다.

근사하다. 그렇지만 현실화는 그리 만만치 않다. 일부 외국 제품의 광고 팸플릿을 보면 다양한 언어로부터의 자동번역을 위해 중간 언어를 도입했다고 선전하지만 필자가 알기로는 그저 광고에 그칠 뿐, 실제로는 아니다. 아무리 구조적으로 유사하다 하더라도 서로 다른 언어를 단일한 방식으로 설명하는 것은 그 자체로 매우 어려운 과제이다. 사정이 이러하니 알고리즘에 관해서는 더 말할 필요도 없다. 이러한 탓에 중간 언어에 기반을 둔 상업용 번역기는 아직까지 언급할 상황이 되지 못한다. 중간 단계 시스템의 실용화 수준은 현재 이 정도이다.

높은 단계 시스템의 번역과정 분석-결정블록

가장 높은 단계 시스템은 아직 실험중이다. 그 동안 개발한 시스템도 몇 가지의 매우 좁은 주제 분야만을 다루고 있다. 이 시스템에서는 '결정블록(decision block)'이 최종적으로 대응어를 선택한다. 대응어 선택 과정은 소위 지식베이스에 기초하는 데, 지식베이스란 실제 세계 모습 즉 세계를 구성하는 각각의 요소와 그 요소간의 관계를 형식에 맞추어 기술한 것이다. 시스템의 개념을 구체화하여 프로그램을 만드는 것이 얼마나 어려울지 충분히 예상할 수 있다.

대응어 통계모델

대응어 통계모델 기반 시스템도 기계번역의 이론과 실제에 있어 특별한 위치를 점한다. 통계적 관점에서 자동번역기 구조를 분석해 보면, 임의의 출발어 단어는 임의의 도착어 단어로 번역될 수 있다. 단지, 도착어 단어가 상황에 어울리는지 아닌지에 대한 가능성이 서로 다를 뿐이다. 이러한 가능성 원칙을 기반으로 하는 번역기의 작동원리는 단순하다.

첫 번째는 소위 학습 단계이다. 원문과 번역가의 번역물을 비교하여 대응어마다 선택되는 확률을 기록한다. 이와 병행하여 번역기 모델별로 원문과 번역물의 어순, 두 세 단어로 구성된 어결합으로 번역되는 가능성을 기록한다. 학습 단계가 끝나면, 두 가지 언어로 된 텍스트(parallel texts)를 비교하여 분석한 결과를 토대로 가장 확률이 높은 대응어 사전을 작성한다. 그 다음은 번역 단계이다. 번역기는 위의 과정을 거쳐 탄생한 사전을 참고하여 텍스트를 번역한다. 사전의 내용이 부실한 경우, 두 가지 언어로 쓰인 새로운 텍스트를 더 많이 준비해서 번역기를 다시 학습시킨다. 대체적인 윤곽은 이러하다. 물론 작업 과정을 좀 단순화시킨 면이 있다. 실제로 대응어 확률을 계산할 때는 복잡한 변수식을 이용한다. 또한 원문과 번역물에서 해당 단어 주위에 있는 단어나 표현까지 전부 고려 대상으로 삼는다.

통계 기반 기계번역에 대한 논의는 이미 1950년대에 시작되었다. 그리고 요즘 들어 다시 주목을 받고 있다. 통계 기반 기계번역이 부활하는 이유는,

- 첨단 컴퓨터의 기술 수준(메모리, 처리속도)이 매우 높다.
- 기계가 읽을 수 있는, 두 가지 언어로 된 동일한 텍스트의 양이 많다.
- 다른 기계번역모델을 시험할 수 있는, 모순되지 않으면서 적절한 번역 이론이 부재하다.

미국을 비롯한 몇 개 국가에서는 통계 기반 번역모델을 적극적으로 개발하고 있다. 앞으로 좋은 결과가 있으리라고 생각한다. 번역 수준을 결정짓는 변수는 무척 많으며 그 중 대부분은 밝혀지지 않았거나 공식화하기 힘들다. 그러므로 번역이 어떤 과정을 통해 이루어지는지 설명할 수 있는 믿음직스러운 방법은 아직까지 통계 모델 뿐이다.

번역기의 이용

자동번역의 현재 상황에 대해 간략하게 살펴보았다. 어쩌면 독자 여러분 중 누군가는 기대에 부풀어 벌써 번역기를 구입했는지도 모르겠다. 아마도 실망을 금치 못했을 것이다. 하지만 이 장에서 번역기에 대한 짧은 설명을 통해 실망할 수밖에 없었던 이유에 대해 잘 알게 되었을 것이다.

번역사들이 번역기 때문에 걱정할 필요는 없다. 머지않은 미래에 기계에게 자리를 내줄 일은 없을 것이다. 그보다는 번역기를 어떻게 이용해야 할지에 대해 생각해보자. 전문번역사가 현재 판매되고 있는 번역기를 쓸 일은 없을 것이다. 번역기가 할 역할은 오히려 전자사전이다. 외국어로 된 텍스트에 나와 있는 단어의 대응어를 찾을 때 유용하게 쓸 수 있다. 그러나 대응어를 가지고 번역을 하는 것은 번역사가 해야 할 일이다. 앞서도 말했지만 관심분야의 외국어 텍스트를 읽고자 하는 전문가들에게 번역기가 도움이 될 수는 있다. 다만, 숨어있는 실수를 조심해야 한다. 오늘날 번역기가 잘 할 수 있는 유일한 일은 번역사가 자신의 우월함을 재차 확인하도록 돕는 것이다. 아래 제시된 기계번역물을 읽고, 그 동안 짓눌려온 기계에 대한 열등감에서 벗어나기 바란다. 번역사라면 이런 식으로는 번역하지 않는다.

"Moscow encapsulates all that's good and all that's bad about Russia. Like the country, its vast size threatens to overwhelm you and swallow you up. You feel small under the press of its weighty buildings, starchy food, and pollution. Among the sprawling tenement buildings and Stalin Gothic skyscrapers one can still find brilliant golden domes and reminders of Czarist days. But the Soviet penchant for gigantism forces the visitor to search out these glimpses of Russia's past like flowers in a field of tall grass. Moscow lacks the beauty of St. Petersburg, but makes up for it in intensity. Some days Moscow will leave you mentally and physically exhausted, wondering why you decided to go there and when the plane is leaving. Other days, though, you almost like it."

"모스크바는 모든 저 캡슐에 넣습니다 좋습니다 그리고 모든 저 러시아에 관하여 나쁩니다. 나라와 같이, 그것의 광활한 크기가 당신을 압도하고 그리고 위로 당신을 삼킬 우려가 있습니다. 당신이 그것의 무게 있는 건물들의 프레스아래에 작음을 느낍니다. 녹말의 음식, 그리고 오염, 뻗어나가는 공동주택 건물들의 가운데 그리고

Stalin 하나가 여전히 러시아 제정의 날들의 빛나는 금의 돔들 그리고 생각나게 하는 것들에게 찾아줄 수 있는 고딕적인 초고층 빌딩들. 그러나 소비에트 경향 gigantism이 손님에게 키 큰 풀의 필드 안에(서) 꽃들과 같은 러시아의 과거의 이들 한 번 봄들을 찾도록 강요합니다. 모스크바는 St의 아름다움이 부족합니다. 강도 안에(서) 그것을 위하여 Petersburg, 그러나 만듭니다. 약간의 날들에 모스크바는 정신적으로 그리고 물리적으로 당신을 떠날 것입니다. 다 써버렸고, 당신이 거기 가기로 결정했고, 그리고 비행기가 떠나고 있다는 것에 놀랍니다. 다른 날들, 그렇지만, 당신 거의 그것과 같이."

통역사의 지위
–통역사가 지켜야 할 에티켓

    통역사라는 직업에 관해 몇 가지 덧붙이려 한다. 여타 직업 사이에서 통역사의 지위는 어느 정도인가? 통역사는 투명인간이 되어야 하나? 회담장이나 연회장에서와 같이 통역을 기다리는 사람들이 있는 앞에서 통역사는 어떻게 행동해야 하는가? 통역사의 악기인 목소리를 '조율'할 수 있는가? 어떤 옷차림을 해야 하는가? '넥타이를 매지 않는 비공식 회의'에서 통역사가 넥타이를 착용해도 무방한가? 농담을 옮기면서 통역사가 웃어도 되는가?

통역사에 대한 사회의 관심

지금 우리가 침체기였다고 회상하는 그 시기에도 통역사와 통역을 주제로 하는 회의와 세미나는 수없이 열렸다. 그 중에는 다음과 같은 명칭의 회의도 꽤 여럿 있었다. '~에서의 통역사의 지위' 즉, 문학에서, 직업관련 정보에서, 의전실에서 생각하는 통역사의 지위 등을 주제로 하였다. 통역사의 지위는 세간의 관심을 끌었다. 비록 당시 통역사의 지위가 사람들이 일반적으로 추구하는 바와는 거리가 아주 멀었지만 말이다. 통역사는 사실 선망의 대상도 아니었고 수입도 많지 않았다. 반면 오늘날의 상황은 전혀 다르다. 통역 관련 회의가 아직까지 남아있다손 치더라도 명맥을 유지하는 수준에서 그저 띄엄띄엄 열릴 뿐이고 학계 및 관계에서 통역사의 지위는 이미 관심 밖으로 밀려났다. 그렇지만 통역사는 여전히 존재하며, 이전과 비교하여 더 크지는 않더라도 결코 더 작지도 않은 역할을 하고 있다. 그래서 현 시점에서의 통역사의 지위와 역할에 대해 고찰해 볼까 한다.

통역사의 모습

언젠가 국제회의에서 함께 일한 한 통역사가 있었다. 편의상 C라고 지칭할 이 통역사는 큰 체격에 생김새나 하는 행동은 흡사 당중진 같아 보였다. 짙은 색의 단정한 양복에 비슷한 분위기의 넥타이를 맸다. 말투도 느릿한 게 위엄이 흘렀고, 간격을 적당히 두고 말을 계속 이어가곤 했다. 모습이 이러하므로 회담장에 들어선 외국 인사의 눈에 가장 먼저 들어오는 사람이 바로 C였다. 참석자들이 정중히 인사를 건네면 C는 잠시 기다렸다가 위엄 있게 다소 거만한 태도로 인사에 답했다. C가 통역사라는 사실을 알고 나서 외국 인사들이 당황한 것도 무리가 아니었다. 게다가 C는 통역도 잘 하지 못했다.

180도 다른 경우도 있다. 즉, 비굴한 태도를 보이는 통역사들이다. 어느 공항에서 중년으로 보이는 통역사가 젊은 미국 참사관들의 짐을 저울로 겨우겨우 옮기고 있는 것을 본 적이 있다. 이들의 농담과 비웃음 섞인 응원을 들으며 통역사는 묵묵히 짐을 옮기고 있었다. 통역사 얼굴에 먹칠하는 짓 좀 그만두라고 말을 해주고 싶었지만 가까스로 참았다.

동료 통역사들이 자신이 놓인 상황에서 어떻게 행동하는지 그 삶의 모습을 잠시 들여다보았다. 통역사로 일하다 보면 이런 경우를 어렵지 않게 발견할 수 있다. 사실, 이런 모습들이 전형적인 통역사의 모습이라고 말할 수도 있다. 일부 통역사는 마치 좋은 가문의 아가씨가 생활을 꾸려가기 위해 어쩔 수 없이 몸을 파는 듯한 느낌을 주면서 일을 한다. 원래 통역사는 아니고, 대학에서 강의나 편집 일을 하거나 책을 번역하는데 어쩌다가 그냥 잠시 통역을 하게 되었다면서 콧대를 높인다. 하지만, 다른 한편에는 여행 가방을 대신 들어주고 커피 심부름을 하며 외국인 고객을 화장실까지 에스코트하는 일까지 도맡아 하는 통역사들도 있다.

통역사의 지위

유감스럽게도 러시아에서는 통역사를 '심부름꾼'으로 보는 인식이 지배적이다. 하지만 외국의 경우는 전혀 다르다. 유독 러시아에서 통역사의 지위가 낮은 이유는 무엇이며 이러한 문제를 어떻게 해결해 나가야 할까. 우선, 이유는 간단하다. 통역사라는 직업을 낮게 평가하며 직업 자체에 대해 잘 알지 못하기 때문이다. 이러한 이유로 일부 통역사들은 자신의 직업을 부끄럽게 여겨 강사니 편집인이니 하는 식으로 둘러대고 고객은 통역사에게 술심부름이나 외국 손님의 시내 관광 등을 부탁하는 것이다. 그렇다면 이 문제는 어떻게 해결해야 할까? 통역사라는 직업에 대한 사회의 인식이 바뀌도록 노력하고, 일을 할 때에는 통역사가 해야 하는 것 즉, 통역에만 전념해야 한다. 실력 있는 배관 수리공에게서 우리는 많은 것을 배워야 한다. 수도를 고치기 위해 배관공이 집으로 찾아왔다고 치자. 그 배관공에게 "저기, 망치도 있는 것 같은데 서비스로 못 두세 개 좀 박아주시구요, 드라이버도 갖고 계실 테니 현관 자물쇠도 좀 고쳐 주시구요."라는 식으로 말할 만큼 배짱 있는 사람은 아마 없을 것이다. 만일, 이런 경우가 실제로 생긴다면 배관공은 그 자리에서 손을 놓고 그냥 가버리던가 추가 요금을 요구할 것이다.

통역사의 지위를 향상시키기 위해, 아니 지위를 명확하게 정의라도 내리기 위해서는 꼭 갖춰야 할 것이 있다. 서유럽국가나 미국에는 도입된 지 오래 되었으나 러시아에는 아직 없다.

1. 통역사가 맡은 일과 보수가 정확히 명시된 근로계약서

비록 개인적으로는 반대하지만, 통역사가 고객의 여행가방을 들어주기로 동의한다면 그렇게 해도 좋다. 다만 그 사실이 반드시 계약서에 포함되어야 한다. 시내 관광을 부탁하는 경우도, 계약서에 별도로 일의 종류와 추가 보수를 명시해야 한다. 사실 외국 관광객에게 수준 높은 관광을 시켜주는 것은 아무나 할 수 있는 일이 아니다. 외국에서는 이 점을 고려하여 적당한 수준에서 보수를 지급한다. 그러나 러시아에서는 관광이, 손님을 극진히 대접할 때 마땅히 해야 할 무료 서비스의 하나인 것으로 이해한다. 통역 종류도 계약서에 넣어야 한다. 동시통역을 맡았다면 통역사가 쉬어야 할 연회, 오찬 휴식시간 등에 순차통역을 해줄 것을 그 누구도 강요할 수 없다. 마찬가지로 계약서상에 순차통역을 하기로 되어 있다면 통역사에게 동시통역이나 번역을 부탁할 권리는 누구에게도 없다. 회의나 세미나 기간 중에 하는 번역도 계약서에 반드시 별도 보수와 함께 명시되어야 한다. 그런데 이 모든 것은 해당 국가나 도시에 통역사 노조 혹은 연합이 있어야만 가능해진다.

2. 통역사의 권리를 지켜주는 통역사 노조 혹은 연합

통역사는 회비를 내고, 조합은 통역사를 법적으로 보호해 준다. 통역사의 권리가 침해되었을 경우 조합은 법정에서 통역사를 지켜줄 의무가 있다. 조합은 통역사가 계약서에 없는 사항을 강요받거나 조합이 정한 최소 보수에 미치지 못하는 대우를 받지 않도록 살핀다. 노조를 소위 통역 소개소와 혼동해서는 안 된다. 그런 소개소의 목적은 거의 예외 없이 단 하나다. 통역사를 착취하고 통역료를 덤핑해서 자신의 이익만을 극대화하는 것이다.

　우리는 위에서 예로 든 수리공에게서 직업적 자존심을 배우고, 통역사 노조의 지원을 확보해야 한다. 그리고 통역 의뢰인에게 통역사가 마땅히 받아야 할 대우를 설명하고 요구하는 방법도 배워야 한다.

　서유럽이나 미국의 경우, 통역사는 선망 받는 직종이며 보수도 높은 편이다. 일반적으로 하루 500~600달러를 받는다. 책의 앞부분에서 언급했듯이, 통역사의 지위는 사회의 언어 교육 수준과 직결된다. 러시아 사람들은 보통 외국어를 잘 하지 못하기 때문에 통역이란 것이 매우 쉽고 외국어를 알면 그것으로 충분하다고 믿는다. 서유럽이나 북미 국가의 경우, 공무원, 전문 엔지니어, 비즈니스맨 등 고등 교육을 받은 사람들이 보통 하나 이상의 외국어를 구사한다. 그렇다면 이들 국가에서 통역사란 직업은 이미 사라졌어야 마땅하지 않을까. 외국에서 통역사가 활발히 활동하는 이유는 공무원이나 비즈니스맨이 이미 자신의 경험을 통해 간단하면서도 부인할 수 없는 진실을 깨달았기 때문이다. '외국어를 안다고 해서 통역을 할 수 있는 것은 아니다.' 외국에서 통역사들이 어떤 대우를 받는지 길게 설명할 필요는 없을 것이다. 한 마디면 충분하다. 유럽 연합은 통번역에 매년 수억 달러를 쓴다.

　다른 나라의 통역사들은 높은 직업적 위치에 걸맞게 행동한다. 가끔은 러시아 사람들이 보기에 우습고 황당한 경우도 있다. 함께 일한 적이 있는 한 네덜란드 동시통역사는 '중지', '천천히'라고 쓰인 조그마한 붉은 깃발 두 개를 가지고 있다가 통역 중 연사의 말이 급해지면 부스를 박차고 나가 이 깃발을 흔들어댔다. 또, 동시통역 전에 준비된 인쇄물에 해당 논문이 없다는 이유로 그 발표의 통역을 거절한 통역사도 있다. 소련식 사고방식을 가진 내게 이런 일들은 사실 좀 이상해 보였지만, 고객이 통역사가 하는 일을 존중해 주기를 바란다면 이렇게 자신이 원하는 바를 당당히 주장해야 할 필요가 있다고 생각한다.

통역사의 지위를 낮추는 행동

통역사의 지위를 깎아 내리는 사람들이 있다. 보수에만 집착해서 아무 일이나 닥치는 대로 하는 통역사들인데, 이들은 돈만 주면 물구나무를 서서라도 통역할 준비가 되어 있는 사람들이다. 이런 사람들의 통역은 대개 형편없으며 그 때문에 다른 통역사들이 이중으로 피해를 입는다. 소위 '노동 영웅'들도 통역사의 지위를 깎아 내리는 데 일조하는데, 이들은 몇 시간 동안 쉬지도 않고 통역하며 동시통역도 혼자 한다. 이렇게 시장과 통역에 대한 인식이 정비되지 못한 상황이므로 근무 규정 및 근로 보호가 반드시 필요하다.

당연히 쉬어야 할 휴식 시간에, 회의 참가자나 조직위 측 누군가가 "지금 시간이 비는 것 같은 데 와서 짧은 거 하나 통역해 주시면 안 될까요?"라고 부탁을 해서 거절하지 못하고 통역을 한 경험은 아마 거의 모든 동시통역사들이 가지고 있을 것이다. 필자는 이것이 자존심이 부족하기 때문이라고 생각한다. 건설 현장의 점심시간을 떠올려보자. 건설 노동자들이 한 쪽 구석에 모여서 휴식을 취하고 있는데, 갑자기 누군가가 다가와 "지금 시간이 비는 것 같은데 서비스로 차에서 벽돌을 내려주시죠."라고 한다면? 이런 상황은 상상조차 할 수 없다. 필자는 통역사들 스스로 힘을 모아서 권리를 찾아나가야 한다고 생각한다. 그리고 이 과정에서 통역사답게 정도를 지키며 지성적으로 행동했으면 한다.

훌륭한 통역사

앞에서 통역사가 누려야 할 권리에 대해 살펴보았다. 이번에는 통역사가 지켜야 할 의무에 대해 즉 어떻게 행동해야 하는지에 대해 생각해 보자. 존 레 카레의 짧은 말이 그 어떤 긴 설명보다 낫다. 'Good interpreters efface themselves.' 즉 훌륭한 통역사는 드러나지 않는다. 옷, 목소리, 행동 모두가 그러하다.

통역사는 연극배우와 비슷하다. 배우처럼 많은 청중 앞에 서게 되므로 통역사는 청중이 특별한 노력 없이 쉽게 알아듣고 이해할 수 있게 말해야 한다. 배우에게 시선을 집중하듯이 수많은 청중이 통역사를 바라본다. 그러므로 적합한 차림새를 갖추는 것이 바람직하다. 또한 통역사는 배우와 마찬가지로 자신의 말에 청중이 보이는 반응에 민감해야 한다.

통역사와 연극배우 사이에는 근본적인 차이가 있다. 연극배우는 자신의 배역에 빠져들 수 있어야 한다. 배역과 동화되어 그 모습을 흉내 내야 한다. 반대로, **통역사는 연사에게서 완전히 분리되어야 한다**. 통역사에게 필요한 것은 원문 텍스트의 의미뿐이다. 청자에게서 웃음, 분노 등의 감정을 끌어내고 싶다면 의미를 정확히 전달해야 한다. 제스처, 억양, 목소리 톤 등 비언어적 수단에 의지해서는 안 된다. 통역사의 목소리와 제스처는 연사의 감정과 상관없이 항상 중립적이어야 한다. 앞서 언급했던 통역의 침체기에 한 세미나에서 있었던 일이다. 소련 공산당과 이에 우호적인 미국과 영국 공산당 대표들이 모여 국제 제국주의를 맹렬히 비난하는 자리였다. 한 미국 대표가 특히 강렬한 어조로 발표했다. 계속해서 고함을 지르고 주먹으로 연단을 내리치는 등 대단했다. 재미있는 사실은 연사에 배정된 통역사도 흡사 흥분한 폭로자의 모습이었다는 것이다. 연사처럼 소리치고 주먹을 휘둘렀으며 너무 심했던 나머지 물병을 쏟기까지 했다. 연사와 통역사가 똑같이 행동하는 모습이 정말 우스웠다. 발표가 끝나고 휴식 시간에 소련 대표 한 명이 통역사에게 다가가 이렇게 말했다. "나는 몰랐네. 자네가 그 정도로 제국주의자를 경멸하고 있었다니!"

그래도 동시통역사는 감정 표현에 있어 조금은 자유로운 편이다. 어떤 동시통역사는 부스에서 소리를 지르거나 심지어 연사의 제스처를 그대로 따라한다. 이런 행동은 동시통역이 갖는 특수한 조건 덕분에 가능해지며 동시에 동시통역이 주는 정신적 긴장이 그 원인이다. 큰 목소리와 제스처는 스트레스에 대한 소위 '운동 보상'으로 동시통역사가 이것을 자제하지 못하는 경우가 많다. 그렇다고 청중이 손해를 보는 것은 없다. 통역 소리가 크면 볼륨을 조절하면 되는 것이고 부스 안의 제스처는 밖에서 보이지 않는다. 그러나 순차통역에서는 감정 중립과 관련된 모든 사항을 준수해야 한다. 크고 분명하게 통역해야 하며 감정을 섞어서는 안 된다.

연사의 농담을 통역할 때에는 특히 조심해야 한다. **통역이 끝나기 전에는 절대 웃어서는 안 되며 통역이 끝난 후에도 가급적 웃지 않는 것이 좋다. 농담에는 절제된 미소로 답해야 한다. 통역사는 전달자일 뿐이며 농담은 청중을 겨냥하였음을 잊어서는 안 된다. 분노, 노여움, 모욕 등 연사의 다른 감정 또한 농담과 마찬가지로 통역사에게 향하는 것이 아니다. 통역사는 연사의 감정을 공유해서는 안 된다. 통역은 정확히 하되 자신의 감정을 섞어서는 안 된다.

농담이나 감정을 담은 표현을 통역하는 것이 어려운 이유는,

첫째, 표현 그 자체로 어렵다. 유머나 감정을 담은 표현은 관용적 성격을 띠게 마련이다. 직역하면 청자가 이해하지 못하므로 적당한 형태로 바꾸어 내용을 전달해야 한다.

둘째, 심리적으로 힘들다. 연사가 기뻐하거나 다투는 경우 그 감정에 동화되기 쉽다. 감정에 빠져서는 제대로 통역을 할 수 없으며 웃음을 참지 못하거나 흥분할 수 있다.

기본적으로 이 외에 대처할 방법은 없다. 매 경우 통역사 스스로 해결하는 수밖에 없다. 개인적으로 경험을 통해 알게 된 몇 가지 원칙을 살펴보면,

첫째, 농담이나 감정이 담긴 말을 통역할 때는 간접화법을 쓰는 것이 낫다. 예를 들어 "You, son of a bitch!"는 "이 개새끼야!"가 아니라 "당신을 개새끼라고 합니다."라고 통역해야 한다. 간접화법을 이용함으로써 통역사가 중립적인 입장에 놓여있음을 분명히 보일 수 있다. 더불어, 더 이상 직접적인 모욕이 아니기 때문에 자칫 싸움으로 번지는 상황을 막을 수 있을지도 모른다. 사실 욕을 아예 통역하지 않고, 상대방이 불만에 차 있다고 전하는 편이 훨씬 낫다. 그러나 이런 방법이 항상 통하는 것은 아니다. 통역사에게 정확한 통역을 요구하기 때문이다.

둘째, 연사가 에피소드나 재미있는 이야기, 우스운 이야기를 하겠다고 말을 할 때, 통역은 "여러분에게 해 드리고 싶은 이야기가 있습니다."라고 하는 것이 낫다. 이 경우 어느 누구도 그 무엇도 손해 볼 것이 없기 때문이다. 내용이 재미있을 경우 청중은 재미있는 이야

기나 웃긴 이야기를 들었다고 생각할 것이며, 그렇지 않은 경우 적어도 통역이 엉망이었다고 통역사를 비난하지는 않을 것이다. 사실 모든 청중이 농담을 이해하는 것은 아니며, 더 정확히 말해서 모든 청중이 같은 의미로 이해하지는 않는다. 여러 민족의 사람들이 모였을 때는 특히 더 심하다. 한 가지 예를 들어보자.

미국인 강사를 초청해서 공기업 구조조정에 대한 강연을 듣고 있었다. 기업 부서의 가치를 정확히 평가해야 하는 필요성에 대해 자세히 설명하던 중 강사가 말했다. "여러분에게 예가 될 만한 우스운 이야기를 들려드리겠습니다." 강사의 이야기는 다음과 같았다. 도시에 사는 어떤 사람이 농장을 찾아왔다. 그 남자는 그곳 돼지우리에서 나무다리를 가지고 있는 돼지를 보았다. 무척 놀라서 농장 주인을 부른 이 남자, 어찌된 영문인지 설명해 줄 것을 청했다. 주인은 그 돼지가 매우 진기하다고 말했다. 불이 났을 때 농장을 구했고, 행운의 복권 번호를 귀띔해 주어 백만 달러를 벌었으며 지금까지도 계속해서 농장 경영에 대해 유익한 자문을 해준다고 한다. 돼지 덕에 재산을 모을 수 있었다는 농장주는 말을 마치면서 수사적인 질문을 던졌다. "고기 좀 얻자고 이런 돼지를 죽일 수야 없지 않습니까!" 당시 청중은 러시아 기업인들이었다. 통역을 마쳤지만 헤드폰에서는 망설임 섞인 웃음소리가 간간이 들릴 뿐이었다. 어색한 침묵이 흘렀다. 연사가 뭔가를 기다린다는 느낌을 받은 청중은 내용에 대해 질문하기 시작했다. 한 참가자는 미국에서는 부업을 하는 것이, 예를 들어 대규모 공장에서 양돈장을 운영하는 것이 일반적인지 물었고 이와 함께 자신의 경험을 이야기했다. 다른 참가자는, 나무다리를 가진 돼지에 대한 이야기가 결국 채산성 없는 부서는 가능한 이익을 모두 뽑으면서 점차 털어버려야 한다는 의미를 지닌 것이냐고 물었다. 고대하던 반응이 나오지 않아서 강사는 풀이 많이 죽었다. 강사는 휴식 시간에 유럽, 심지어 아프리카에서도 항상 반응이 좋았던 이야기라고 필자에게 투덜댔다. 소련식 사고방식이 독특하다는 말이 괜한 말이 아니란 생각이 든다. 어쨌든 노어 통역사들은 이 점을 꼭 기억해야 할 것이다.

만찬 통역

유머나 에피소드를 언급하면서 빠질 수 없는 것이 만찬석상에서의 건배사나 에피소드의 통역이다. 통역사들은 만찬 통역을 무척 어려우면서 보람도 없는 일로 여긴다. 다 그럴만한 이유가 있다. 그루지야나 유럽의 에피소드를 영어로 통역하는 등의 내용적인 문제는 그 자체로 너무 넓은 주제이기 때문에 이 책에서는 다루지 않겠다. 그보다는 만찬 통역의 외형적인 면을 살펴보자. 술을 마실 것인가 마시지 않을 것인가, 입안 가득 음식을 물고 통역을 하고 싶지는 않은데 그렇다면 언제 음식을 먹어야 하는가? 간단치 않은 문제이다.

새내기 통역사들에게 해주고 싶은 말은 먹지도 않고 마시지도 않으면서 마치 먹고 마시듯이 보이게 하라는 것이다. 음식은 통역 전에 미리 충분히 먹고 술은 나중에 친구들과 마시자. **만찬장은 통역사가 즐기는 자리가 아니다.** 통역사는 일을, 그것도 아주 어려운 일을 해야 한다. 물론, 사람들이 즐기면 그 분위기에 맞춰야 하기 때문에 무표정한 얼굴로 멍하니 앉아있어도 안 된다. 사실 실제 통역현장에서는 이러한 원칙을 절대적으로 준수할 필요가 없는 경우도 많다. 만찬과 같은 비공식적인 행사에서는 보통 통역사에게 호의적이어서 음식을 먹을 시간도 주고, 마음 편히 술을 권하기도 하기 때문이다. 그러나 통역사에게 있어 만찬장이 일터라는 사실은 단 1분도 잊어서는 안 된다.

통역사의 옷차림과 목소리

옷차림과 목소리에 대해 살펴보자. 우선 옷차림의 경우 특별한 조언은 필요 없다. 어떤 자리이든지 다른 사람들이 보통 입고 있는 전반적인 스타일에 맞추면 되기 때문이다. 철강 공장을 둘러보는데 조끼까지 갖춘 양복이나 파티복을 입는다거나, 의전을 신경 써야 할 자리에 청바지를 차려 입는 경우는 사실 상상할 수 없다.

목소리 같은 경우는 쉽지 않은 부분이다. 왜냐하면, '마법사'가 나오는 동화에서처럼 목소리를 개조할 수가 없기 때문이다. 누구나 타고난 목소리를 가지고 살아야 한다. 그러나 전문 통역사는 특히 발성을 올바르게 할 수 있어야 한다. 친분이 있는 연극배우나 음성학 선생님 그도 아니면 언어장애 교정의를 찾아 자문을 구해서, 목소리를 어떻게 훈련시켜야 하는 지 제대로 된 발성법을 배우는 것도 좋은 방법이다. 목소리가 어느 정도 제자리를 잡으면 교실이든 공장이든, 소음이 있든 없든 상관없이 또렷한 목소리를 낼 수 있다. 험난한 통역사의 길로 들어서기로 마음먹은 그 순간부터 바로 발성 연습에 들어갈 것을 권한다.

통역사는 누구인가

　통역사의 직업적 특성에 대해 생각해 보자. 통역사는 중요한 지식을 꾸준히 축적하고 향상시켜 나가야 한다. 우선 외국어는 통역사로 일하는 한 계속해서 공부해야 한다. 자신을 객관적으로 바라볼 수 있다면, 오랜 시간 외국어를 공부하고 나서 어떤 고대 철학자처럼 "나는 내가 아무것도 모른다는 사실을 알고 있다."라고 외치게 될지도 모르겠다. 그렇다고 해도 당황할 필요는 없다. 언어의 깊이, 특히 모국어가 아닌 언어의 깊이는 끝이 없고, 더 많이 알면 알수록 이해할 수 없는 말은 더 높이 쌓여가는 법이다. 외국어는 해당 언어 사용자들과의 접촉을 통해서 배워야 한다. 외국인이 하는 말을 그대로 따라 해보고, 말투까지도 모방해보자. 외국인이나 외국 배우 중에서 한 명을 골라 그 사람이 말하는 대로 똑같이 흉내내보자. 필자와 세대가 비슷한 노-영 통역사들은 실제로 미국 배우인 그레고리 펙이나 헨리 폰다를, 그 배우가 연기하는 배역을 본뜨려 애를 쓰기도 했다. 말도 남자답게 하고 발음도 굴려가며 따라 했다. 물론 우습고 유치한 방법일 수도 있지만, 언어의 소리는 음악과 마찬가지로 모방을 통해 훈련된다는 사실을 잊지 말자.

　어휘력을 키우기 위한 노력도 필수적이다. 그러나 단어를 무턱대고 암기해서는 곤란하고, 대학에서 수업시간에 하듯이 주제와 관련지어 공부해야 한다. 일상적인 어휘표현의 중요성은 이미 언급한 바 있지만, 어휘력을 늘리기 위해서 꾸준히 노력해야 한다는 사실을 다시 한 번 강조하고 싶다. 'Я с вами свяжусь 당신에게 연락드릴께요', 'Держите меня в курсе 저에게 알려 주세요', 'Передайте на два билетика 표 2장 분 요금이요', 'Кто последний 어느 분이

줄의 끝인가요?' 등 일상적으로 사용되는 표현을 익히는 것이 매우 중요하다. 실제로 이런 일상적인 어휘표현에서 러시아어와 영어 등 외국어의 의사 표현법이 가장 심하게 어긋난다. 아직 이런 표현들을 익히는 데에 도움이 될 만한 사전은 만들어지지 않았다. 개인적으로 메모를 해두고 외우는 수밖에 없다. 어쩌면 이런 메모를 모두 취합해서 훗날 사전편찬에 기여하게 될 지도 모르는 일이다. 통번역을 하려면 당연히 외국어를 할 줄 알아야 하고, 그것도 능숙하게 해야 한다. 하지만, 정작 중요한 것은 모국어이다. 동시통역사들이 모국어보다 외국어로 하는 통역이 쉽다고 하는 데는 다 이유가 있다.

마지막으로, 가장 중요한 것이 바로 배경 및 주제지식 그리고 넓은 시야이다. 이는 통번역사가 번역기계보다 우월할 수 있는 중요한 이유이다. 전 분야에 걸친 광범위한 지식이 없는 한 훌륭한 통번역사가 될 수 없다.

지적이고 수수하지만 감각 있는 옷차림을 한 사람, 친절하며 공손하고 과음, 과식하지 않는 사람, 듣기 좋은 톤의 낭랑한 목소리를 가지고, 전 분야에 걸쳐 박식하며 자존심과 직업에 대한 자부심으로 가득 찬 그런 사람. 바로 이런 사람이 이 책의 주인공인 전문통번역사이다.

버스 운전사[94]라는 직업이 아무리 좋다한들 통번역사에 비교할 수 있을까!

통역사와 번역사, 이 얼마나 멋진 직업인가!

---

94) 역주. 1장에서 저자는 버스 운전사를 모집하는 광고 문안을 예로 들었다.